DIESES BUCH GEHÖRT:

....

WINTERGESCHICHTEN RUND UM DIE WELT

NACHERZÄHLT VON ANGELA McALLISTER
MIT BILDERN VON OLGA BAUMERT
ÜBERSETZT VON KRISTIN LOHMANN

RAVENSBURGER

INHALT

TIERE ALLER ART

Die ersten Hasen auf der Erde (Japan) 6

Die Elster (Schweden) 8

Die Ameise und der Grashüpfer (Griechenland) 10

Der Fäustling (Ukraine) 11

Das verborgene Wasser (Haudenosaunee) 15

Warum der Hase so lange Ohren hat (Sibirien) 17

Jowiis und die Adler (Haudenosaunee) 18

Stadtmaus und Waldmaus (Norwegen) 20

Shingebiss (Ojibwe) 22

Das Weihnachtslied des Rotkehlchens (England) 24

TRICKS UND TRÜGEREIEN

Die silberne Flöte (Spanien) 26

Norden, sagt der Bär (Finnland) 28

Schneetochter und Feuersohn (England) 29

Das neue Blockhaus (Finnland) 32

Die zwei Wünsche (Niederlande) 34

Ein Geschenk von Väterchen Frost (Russland) 36

Warum der Bär den ganzen Winter schläft (Nordamerika) 39

Der herrliche Mantel (Kasachstan) 42

Alexander Jones (Schottland) 43

Warum der Wacholderstrauch Beeren trägt (Nordamerika) 46

EIS UND SCHNEE

Na-Ha und die große Kälte (Chile) 48

Wind, Wolken und Schnee (China) 50

Der Schneemann (Dänemark) 51

Das Schneemädchen (Russland) 54

Der lange Winter (Kanada/Dene) 57

Frau Holle (Deutschland) 60

Der Eismann (Cherokee) 64

Der Kirchturm im Schnee (Deutschland) 66

VOM REISEN UND SUCHEN

Die Regenbogenkrähe (Lenape) 68

Die Schneesturmhexe (Sibirien) 69

Die ersten immergrünen Pflanzen (Mongolei) 72

Thor und die Eisriesen (Norwegen) 73

Das Mädchen und die Winterstürme (Bulgarien) 76

Die Katze auf dem Berg (Norwegen) 78

Der heitere Gletscher (Nordamerika) 79

Babuschka (Russland) 82

ZAUBEREI UND GEISTERHAFTES

Die ersten Schneeglöckchen (Nordamerika) 86

Die blaue Mütze (Schottland) 88

Die Tochter des Eiskönigs (England) 90

Der Zauberball (Argentinien) 94

Die Steine von Plouhinec (Frankreich) 97

Die Winterkirschen (Wales) 99

Der rasende Stock (Inuit) 103

Moowis (Ojibwe) 106

Silbermützchen (Nordamerika) 109

WEIHNACHTEN

Anansi und das rote Wiesenkraut (Jamaika) 112

Die Spinnen und der Weihnachtsbaum (Ukraine) 115

Das Weihnachtsmahl (Finnland) 118

Die Christrose (Schweden) 119

Jimmy Vogelscheuche (Nordamerika) 122

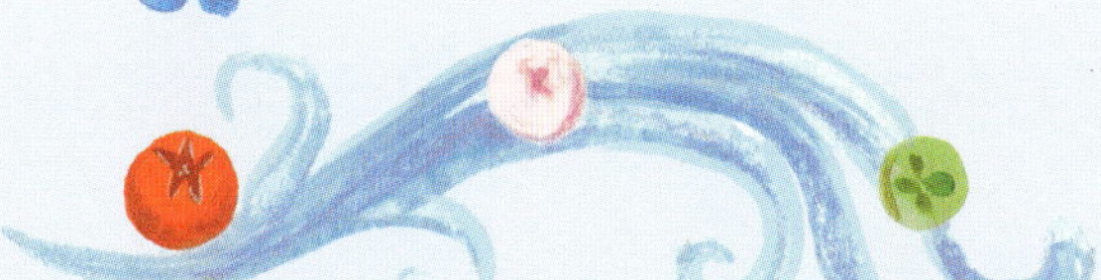

FÜR SCOTT - O.B.

ÜBER DIE AUTORIN

Angela McAllister hat über 80 Bücher für Kinder jeden Alters geschrieben. Ihre Werke wurden für die Bühne adaptiert, in mehr als zwanzig Sprachen übersetzt und mit vielen Preisen ausgezeichnet.

ÜBER DIE ILLUSTRATORIN

Olga Baumert ist eine polnische Illustratorin, Künstlerin und Grafikdesignerin. Sie gestaltet ihre Kunstwerke mit den unterschiedlichsten Materialien und Techniken, mit Gouache, Wasserfarbe, Tinte, Bleistift und digital. Sie lebt im britischen Leicester.

TIERE ALLER ART

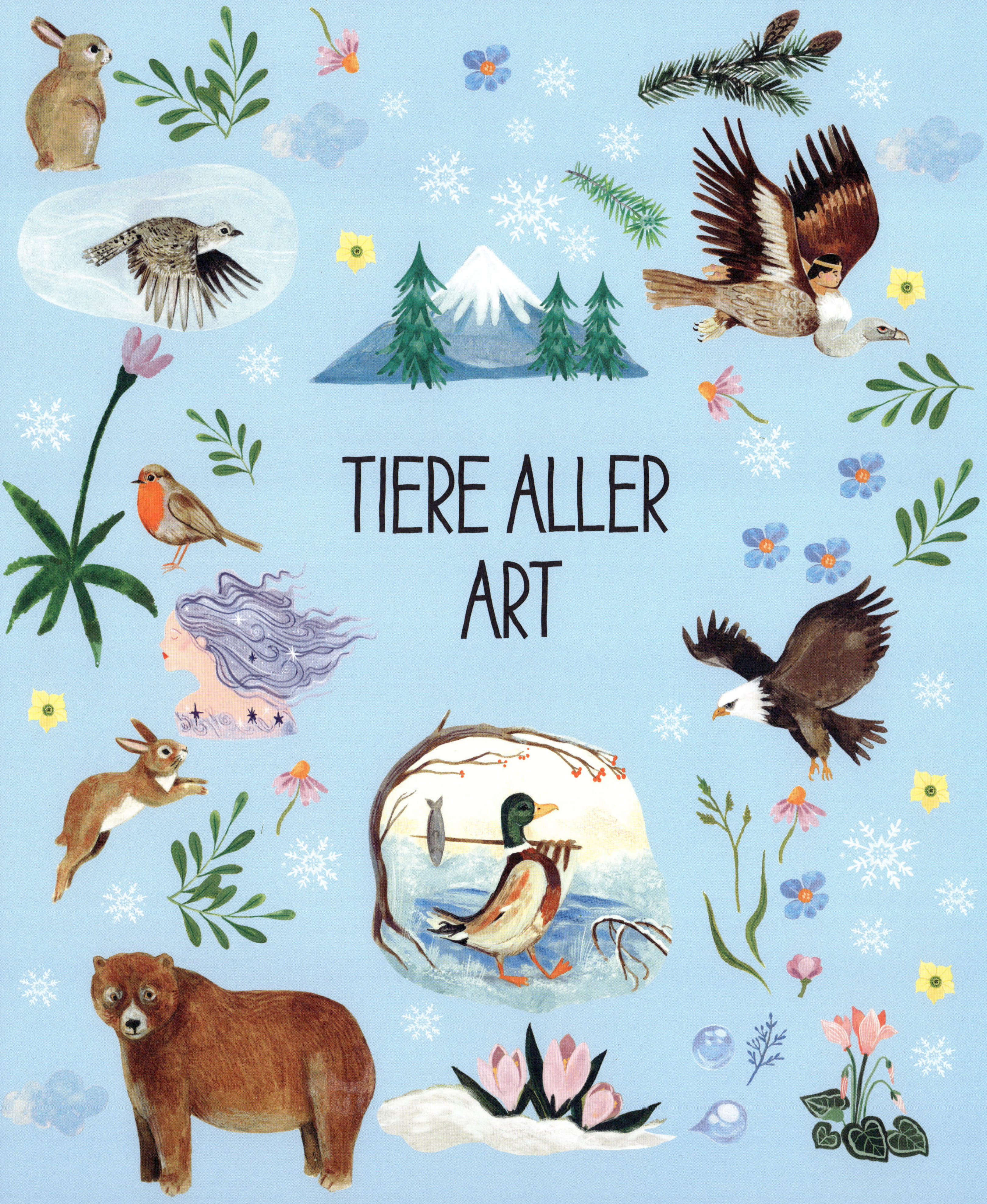

DIE ERSTEN HASEN AUF DER ERDE

EINE JAPANISCHE GESCHICHTE

Hoch oben im Wolkenreich lebte die Himmelsgöttin mit ihren Kindern.

Eines Tages hörte sie ihre Kinder weinen. Sie ging zu ihnen und fragte, warum sie so unglücklich seien.

„Uns ist langweilig", sagten die Kinder. „Es gibt nichts, womit wir spielen könnten."

Die Himmelsgöttin trocknete ihre Tränen. „Warum lasst ihr nicht die Sterne funkeln?", fragte sie.

„Geht nicht", erwiderten die Kinder. „Die Sonne scheint, da sind die Sternenlichter alle aus."

„Dann spielt doch mit den Donnertrommeln", schlug die Himmelsgöttin vor.

„Geht nicht", erwiderten die Kinder. „Wir haben schon allen Donner herausgetrommelt."

Die Himmelsgöttin seufzte. Es fiel ihr schwer, ihre Kinder so unglücklich zu sehen.

„Und wenn ihr ein wenig Schnee aus den Schneesieben stäubt?", fragte sie.

Aber die Kinder schüttelten die Köpfe. „Geht nicht", sagten sie. „Wir haben schon lauter Schneebälle daraus gemacht."

Da schlug die Himmelsgöttin vor, sie könnten die Schneebälle doch über das Himmelsfeld rollen.

Lachend klatschten die Kinder in die Hände. „Ja", riefen sie begeistert, „das ist ein schönes Spiel!" Und sie gaben der Himmelsgöttin einen Kuss und liefen hinaus in den Schnee.

Den ganzen Nachmittag lang rollten die Kinder glücklich Schneebälle über das Himmelsfeld. Dann fingen sie an, sich die Bälle zuzuwerfen. Hin und her flogen die Bälle und die Kinder hörten gar nicht mehr auf zu lachen. Doch nicht immer schafften sie es, die Schneebälle auch zu fangen, und so fielen manche durch die Löcher zwischen den glitzernden Sternen und landeten auf der Erde. Wieder weinten die Kinder.

Gerade in diesem Moment kam die Himmelsgöttin mit ihrer Fackel herbei, um die Sternenlichter anzuzünden.

„Was ist denn passiert?", fragte sie.

„Wir haben unsere Schneebälle verloren", berichteten die Kinder. „Sie sind uns aus den Händen gerutscht und auf die Erde gefallen."

Die Himmelsgöttin spähte zwischen den Sternen hindurch und lächelte. „Seht nur", rief sie ihren Kindern zu und die Kinder blickten ebenfalls hinunter. Dort, wo die Schneebälle auf die Erde gefallen waren, hüpfte und

hoppelte es fröhlich umher. Die Kinder auf der Erde waren begeistert von den weißen weichen Bällen und nannten sie Hasen.

Da lächelten die Wolkenkinder und gähnten und ihre Mutter zündete die Sternenlichter an, bis der ganze Nachthimmel funkelte. Denn es war Zeit für alle müden Kinder, ins Bett zu gehen.

DIE ELSTER

EINE SCHWEDISCHE GESCHICHTE

Es war einmal ein Junge namens Olle, der bei seiner Mutter lebte. Olles Mutter fertigte Besen und verkaufte sie, was ihnen gerade genug für Kleidung und Essen einbrachte, doch Olle träumte oft davon, mehr zu haben. „Ich wünschte, ich hätte ein eigenes Messer“, sagte er häufig. „Ich wünschte, ich hätte einen Schlitten oder ein kleines Pferd.“

Eines Abends kam ein alter Mann vorbei und bat um einen Schlafplatz. Als er Olles Wünsche hörte, sagte er: „Wenn deine Wünsche in Erfüllung gehen sollen, dann geh in den Wald und streue Salz auf den Schwanz einer Elster. Aber sei schnell, sonst ist die Chance vertan.“ Olle dankte dem alten Mann.

Am nächsten Morgen streute er etwas Salz in seine Tasche und ging in den Wald. Er sah zwar einige Elstern in den Bäumen, doch sie waren alle zu weit weg.

Da hörte er jemand seinen Namen rufen. „Olle! Olle!“ Er sah auf. Direkt vor ihm saß eine Elster auf einem Ast. „Ich weiß, dass du gekommen bist, um dir etwas zu wünschen, Olle“, sagte sie. „Ich bin nämlich eine verzauberte Prinzessin. Wenn du mir hilfst, lasse ich dich Salz auf meinen Schwanz streuen.“

„Und wie kann ich dir helfen?“, fragte Olle. „Bring mir ein Messer, mit dem ich mir den Schnabel und die Krallen putzen kann“, antwortete die Elster.

Olle versprach, ihr ein Messer zu bringen. Auf dem Heimweg fragte er sich, wie er sein Versprechen nur halten könnte. Als er sah, dass die Büsche voller Beeren hingen, kam ihm eine Idee.

Am nächsten Tag nahm er einen Korb mit, füllte ihn mit Beeren und verkaufte sie in der Stadt. Tag für Tag kam er zum Beerenpflücken, bis er schließlich genug Geld für ein Messer hatte.

Als er es in den Wald gebracht hatte, musterte die Elster das Messer. „Das ist aber sehr einfach“, sagte sie. „Es hat ja nicht mal einen Griff aus Gold. Nicht hübsch genug für eine Prinzessin. Bring mir lieber einen Schlitten, auf dem kann ich fahren, wenn ich erlöst bin.“

Und Olle versprach, ihr einen Schlitten zu bringen. Er ging nach Hause, nahm das Messer und schnitzte Spielsachen, die er in der Stadt verkaufte. Nach sechs Monaten hatte er genug Geld für einen Schlitten.

Als er ihn in den Wald gezogen hatte, musterte die Elster den Schlitten. „Der ist aber sehr einfach“, sagte sie. „Der Schlitten einer Prinzessin müsste schon aus Silber sein. Bring mir lieber ein kleines Pferd, dann lasse ich dich Salz auf meinen Schwanz streuen und du kannst dir etwas wünschen.“

Und Olle versprach, ihr ein Pferd zu bringen. Er zog den Schlitten auf die verschneite

Kuppe eines Hügels und vermietete ihn an jeden, der damit fahren wollte. Abends schnitzte er weitere Holzspielsachen, die er verkaufte. Schließlich hatte er genug Geld beisammen, um ein kleines Pferd zu kaufen.

Als er es in den Wald gebracht hatte, musterte die Elster das Pferd. „Das ist aber ein sehr einfaches Pferd", sagte sie. „Nicht edel genug für eine Prinzessin. Aber weil du dein Versprechen gehalten hast, darfst du jetzt Salz auf meinen Schwanz streuen."

Endlich nahm Olle eine Prise Salz aus der Tasche und streute sie auf den Schwanz der Elster. „Schnell, wünsch dir was!", sagte die Elster. „Beeil dich!"

Aber Olle zögerte – denn plötzlich wurde ihm klar, dass er ja schon alles hatte, was er wollte, weil er schlau gewesen war und hart gearbeitet hatte.

„Zu spät!", rief die Elster. Sie schüttelte den Schwanz, breitete die Flügel aus und flog davon. Olle sah zu, wie sie verschwand, und lächelte. Er wusste, er würde nie mehr Salz dabeihaben müssen.

DIE AMEISE UND DER GRASHÜPFER

EINE GRIECHISCHE GESCHICHTE

Den ganzen Sommer über lag der Grashüpfer in der sonnigen Wiese und sang und spielte Gitarre. Er hatte jede Menge Gräser und Blumen zu essen und das Leben war für ihn die reine Freude.

Tag für Tag kamen die Ameise und ihr Mann an ihm vorbei, beladen mit Futter, um die Vorratsschränke zu füllen. Hin und her und hin und her liefen sie mit ihrem schweren Gepäck.

Dem Grashüpfer tat es leid, die beiden so schuften zu sehen. „Warum macht ihr kein Päuschen und setzt euch in die Sonne zu mir?", fragte er.

Aber die Ameise schüttelte den Kopf. „Wenn wir jetzt nicht unsere Schränke füllen, haben wir im Winter nichts zu essen", sagte sie.

„Also, ich will an einem so sonnigen Tag gar nicht an den Winter denken!", sagte der Grashüpfer, nahm seine Gitarre und stimmte ein Sommerlied an.

Aber der Sommer konnte nicht ewig dauern. Bald wurde es Herbst und dann kam der Winter. Die Gräser und Blumen auf der Wiese wurden welk und der Grashüpfer hatte nichts mehr zu essen. Hin und her und hin und her sprang er auf der Suche nach Futter, bis er völlig erschöpft war und sehr hungrig.

Dann fielen ihm die Vorratsschränke der Ameise ein. Er klopfte an ihre Tür und bat um Essen.

„Warum sollten wir unser mühsam zusammengetragenes Essen mit dir teilen?", fragte die Ameise. „Hättest du dich eben auch für den Winter gewappnet, so wie wir, statt deine Zeit zu verplempern!"

„Ich habe meine Zeit nicht verplempert", protestierte der Grashüpfer, „ich habe Musik gemacht."

„Das stimmt, meine Liebe", sagte der Mann der Ameise. „Wir haben seine Musik doch jeden Tag gern gehört beim Schleppen. Ohne seine Sommerlieder wäre es doch sehr fade gewesen."

Und die Ameise erkannte, dass er recht hatte. „Nun, dann komm herein, lieber Grashüpfer. Wir haben genügend, niemand muss hungern."

Und so teilten die Ameisen ihr Essen und der Grashüpfer spielte Gitarre und sang Winterlieder für sie, bis es Frühling wurde und auf der Wiese wieder frische Gräser und Blumen wuchsen.

DER FÄUSTLING

EINE UKRAINISCHE GESCHICHTE

Eines Wintertags machten ein Junge und sein Großvater einen Waldspaziergang. Die Tierspuren im Schnee fesselten den Jungen so sehr, dass er nicht merkte, wie ihm ein Fäustling aus der Manteltasche fiel.

Kaum waren sie ein Stück weiter, huschte eine Maus herbei und inspizierte das Fellbündchen und das rote Wollfutter des Fäustlings. „Schön warm sieht das aus", dachte sie, kletterte in den Handschuh und schlief ein.

Bald darauf kam ein Frosch vorbeigehüpft. „Sieht nach einem gemütlichen Plätzchen aus", dachte er und spähte in den Handschuh. Die Maus erwachte.

„Ist noch ein Plätzchen frei bei dir?", fragte der Frosch.

„Klar", sagte die Maus, „komm herein."

Der Fäustling gab ein perfektes Zuhause für einen Frosch und eine Maus ab und so machten es sich die beiden gemütlich.

Nicht lange darauf tauchte ein Hase auf. „Sieht nach einem schön warmen Bau aus", meinte er. „Darf ich eintreten?"

„Klar, komm rein", meinten Frosch und Maus. „Für einen mehr ist gerade noch Platz."

Der Hase kletterte in den Handschuh. Er dehnte den Fäustling ein wenig mit dem Hinterlauf und so war es zu dritt fast noch gemütlicher als zu zweit.

Kurz darauf kam ein Fuchs vorbei. „Das sieht ja gemütlich aus bei euch", meinte er und quetschte sich zwischen Hase, Frosch und Maus.

Als gerade alle ihr Plätzchen gefunden hatten, kam ein Wolf des Weges. „Was für ein guter windgeschützter Unterschlupf", meinte er. „Hat jemand was dagegen, wenn ich dazukomme?"

Und weil niemand dem Wolf seine Bitte abschlagen mochte, dehnte der Hase den Fäustling noch ein Stück weiter und die Maus rollte sich im Daumen zusammen und der Wolf kroch in den Fäustling.

Kaum hatten alle ihre Ohren und Schwänze verstaut, schnüffelte ein Wildschwein vorbei. „Ihr habt es aber mollig da drin", sagt es. „Ihr wollt mich doch nicht erfrieren lassen hier draußen?"

„Tut mir leid", meinte da der Frosch. „Aber es ist einfach kein Platz mehr hier drin. Der Fäustling ist voll."

„Ach", erwiderte das Wildschwein, „das geht schon." Und es drängelte und drückte und rumpelte, bis es zwischen den anderen lag.

Es war jetzt derart eng, dass wirklich niemand mehr eine Pfote rühren oder mit einem Schnurrhaar zucken konnte, aber dass sie es schön kuschlig hatten, darin waren sich alle einig.

Bald schon kam ein Bär durch den Schnee gewackelt. „Sieh an“, meinte er, „was für ein fröhliches Winterfest. Rutscht ein Stück und lasst mich auch ins Warme.“

„Aber wir können uns gar nicht bewegen“, meinte der Hase.

„Dann helfe ich euch eben“, sagte der Bär und dehnte den Fäustling mit seinen riesigen Tatzen so weit, bis er sich auch noch dazuquetschen konnte.

„Na also“, meinte er. „Passt doch.“

Es war entsetzlich eng, so zwischen Bär und Wildschwein und Wolf und Fuchs und Hase und Frosch. Der Maus wurde sehr heiß. „Ich brauche frische Luft“, sagte sie.

Sie versuchte sich aus dem Fäustling zu winden, aber mit all den Beinen und Pfoten und Ohren und Schwänzen im Weg war das gar nicht so einfach.

Schließlich gelang es ihr, den Kopf des Bären zu erklimmen und seine Nase hinunterzutrippeln. Dabei kitzelten ihn ihre winzigen Füßchen an einer sehr kitzligen Stelle.

Der Bär zuckte, kicherte, brach in lautes Gelächter aus, purzelte aus dem Fäustling und landete, gefolgt von Wildschwein, Wolf, Fuchs, Hase, Frosch und Maus, im Schnee.

Alle waren so froh, dass sie dem Gedränge entkommen waren, dass sie sich schleunigst auf den Weg in ihre eigenen Höhlen und Baue machten.

Am nächsten Tag gingen der Junge und sein Großvater wieder durch den Wald.

„Da ist ja mein Fäustling!“, rief der Junge und wunderte sich über die vielen Tierspuren.

„Wir sind wohl nicht die Einzigen, die deinen Fäustling gefunden haben“, sagte der Großvater und lächelte. Aber warum der Handschuh so viel größer als der andere geworden war, darauf kamen sie nie.

DAS VERBORGENE WASSER

EINE GESCHICHTE DER HAUDENOSAUNEE

Es war tiefer Winter. Dicker Schnee lag auf der Erde und hatte Krankheit über Nekumontas Volk gebracht. Auch seine geliebte Frau Shanewis lag krank in der gemeinsamen Hütte und wurde von Tag zu Tag schwächer.

Nekumonta hatte Angst, sie würde sterben, doch das behielt er für sich. „Ich werde einen Weg finden, dich wieder gesund zu machen“, versprach er. „Der große Manitu, der gute Geist, pflanzte einst Heilkräuter für unser Volk. Ich werde sie finden, wo auch immer sie wachsen mögen.“

Der tapfere junge Mann bettete seine Frau bequem und deckte sie mit warmen Fellen zu. Dann schnallte er die Schneeschuhe an und machte sich auf den Weg.

Den ganzen Tag über streifte Nekumonta durch den glitzernden Schnee und suchte den Wald nach Heilkräutern ab, aber der Schnee lag so hoch, dass kein einziger Grashalm und kein einziges Blatt zu sehen war.

Nachts kroch er über den Boden, in der Hoffnung, seine gute Nase würde ihm helfen, doch er stieß auf nichts, was Shanewis heilen könnte.

Drei Tage und drei Nächte lang streifte Nekumonta durch den Wald. Dann kreuzte ein kleiner grauer Hase seinen Weg. „Kleiner Hase“, sprach Nekumonta ihn an. „Sag mir, wo ich die Heilkräuter finde, die der gute Manitu gepflanzt hat.“

Doch der Hase hoppelte davon, ohne zu antworten, denn er wusste, dass die Kräuter noch tief im Winterboden vergraben lagen.

Kurz darauf kam Nekumonta an einer Bärenhöhle vorbei. „Bär“, rief er, „sag mir, wo ich die Heilkräuter finde, die der gute Manitu gepflanzt hat.“

Doch der Bär antwortete nicht, denn er schlief und würde erst im Frühjahr erwachen.

Nekumonta stieß auf einen Hirsch. „Hirsch“, rief er unter Tränen, „sag mir, wo ich die Heilkräuter finde, die der gute Manitu gepflanzt hat.“

Doch der Hirsch sprang davon, ohne zu antworten, denn er wusste, dass es im Winter zu kalt für die zarten Triebe der Kräuter war.

Nekumonta gab nicht auf und fragte jedes einzelne Geschöpf, dem er auf dem Waldpfad begegnete, nach den Heilkräutern. Doch niemand konnte ihm sagen, wo er finden würde, was er brauchte, um die arme Shanewis wieder gesund zu machen.

Völlig erschöpft und verzweifelt sank Nekumonta in der dritten Nacht auf den weichen Schnee und schlief ein.

Da erschien der Hirsch zwischen den Bäumen. Er rief nach den anderen Geschöpfen des Waldes und bat um Hilfe für Nekumonta. Die Tiere erinnerten sich, dass Nekumonta immer gut zu ihnen gewesen war, dass er nur gejagt hatte, wenn er hungrig gewesen war oder Kleidung gebraucht hatte, und dass er die Bäume und Blumen

liebte und schützte. Und so kamen sie herbei und wärmten ihn.

Während sie so beisammensaßen in jener Nacht, baten die Tiere den großen Manitu, er möge Nekumonta helfen. Und Nekumonta träumte, er würde in der Ferne ein Wasserplätschern hören und dieses Wasser schien nach ihm zu rufen.

Such uns, Nekumonta.

Wir sind die Heilwasser des großen Manitu.

Wenn du uns findest, wird Shanewis wieder gesund.

Als Nekumonta erwachte, war er allein. Er sah sich nach dem Gewässer um, das zu ihm gesprochen hatte, doch so weit sein Auge reichte, sah er nichts als Schnee. Die Stimme des Wassers aber hatte er noch immer im Ohr.

Befreie uns, Nekumonta.

Erlöse uns und Shanewis wird wieder gesund.

Da wusste Nekumonta, dass er nicht träumte. Die Stimme schien von seinen Füßen zu kommen, also fing er an, sich durch den Schnee und die darunterliegende Erde zu graben. Der Boden war gefroren und steinhart, aber Nekumonta setzte Stöcke und Steine ein und grub ohne Unterlass, bis er schließlich auf eine verborgene Quelle stieß.

Das Wasser strömte aus der Erde und ergoss sich den Hang hinunter. Und überall, wo es entlangfloss, schmolz der Schnee und es wuchsen Gräser und Blumen.

Mit Lehm aus dem Bachbett fertigte Nekumonta einen Krug, brannte ihn über dem Feuer und füllte ihn mit dem Heilwasser, um es zu Shanewis zu bringen.

Zurück in seinem Dorf berichtete Nekumonta seinem Volk, wo sie Wasser finden würden, das sie wieder gesund machte. Dann brachte er den Krug zu Shanewis und hielt ihn sanft an ihre Lippen.

Shanewis fiel in einen tiefen Schlaf. Als sie erwachte, lächelte sie ihn an. Die Krankheit war vorübergegangen, sie war wieder gesund.

An jenem Tag wurde Nekumonta der Name „Herr der Heilenden Wasser" verliehen, damit alle wussten, dass er es war, der ihnen das Geschenk des großen Manitu gebracht hatte.

WARUM DER HASE SO LANGE OHREN HAT

EINE SIBIRISCHE GESCHICHTE

Vor langer Zeit, als die ersten Tiere in den winterlichen Wäldern Sibiriens auftauchten, war der Große Elch das prächtigste Tier von allen.

Eines Tages hoppelte ein Hase durch den Wald und hörte den Großen Elch und seine Frau in der Nähe miteinander sprechen. Und weil der Hase gern die Nase in die Angelegenheiten anderer steckte, hüpfte er hinter einen Baumstumpf und lauschte.

„Wo mir jetzt ein so schönes neues Geweih gewachsen ist, möchte ich das alte gern verschenken", sagte der Große Elch zu seiner Frau. „Aber ich kann mich nicht entscheiden, wer es bekommen soll."

Der Hase spitzte die Ohren. „Mit einem Elchgeweih auf dem Kopf könnte ich den anderen Tieren einen Mordsschrecken einjagen", dachte er. Er wollte schon aus seinem Versteck springen und um das Geweih bitten, als die Elchfrau zu sprechen ansetzte.

„Die eine Hälfte könntest du dem Rentier vermachen", sagte sie. „Es ist immerhin dein nächster Verwandter."

„Gute Idee", antwortete der Große Elch. „Aber wer bekommt dann die andere Hälfte?"

Noch bevor die Elchfrau einen Vorschlag machen konnte, sprang der Hase hinter dem Baumstumpf hervor. „Ich!", schrie er. „Ich werde es tragen, schenk mir das Geweih."

„Du?", fragte der Große Elch überrascht. „Was willst du denn mit meinem Geweih anfangen, Bruder Hase?"

„Meine Feinde verschrecken", sagte der Hase, „damit alle Angst vor mir haben."

„Ach, wirklich?", meinte der Große Elch. „Na, dann nimm gleich beide Hälften, Bruder Hase, und viel Glück damit."

Der Hase war hocherfreut über sein herrliches Geweih. Stolz wie ein Pfau schritt er damit den Pfad entlang bis – Plopp! – ihm ein Tannenzapfen auf den Kopf fiel.

Vor Schreck stürmte der Hase los, doch sein Geweih verfing sich sofort in den Büschen; er steckte fest und konnte sich nicht mehr rühren.

Der Große Elch und seine Frau lachten den dummen Hasen aus. „Du bist viel zu schreckhaft für mein Geweih, Bruder Hase", sagte der Große Elch. „Lieber sollst du von nun an schön lange Ohren haben, damit die ganze Welt weiß, wie gerne du andere belauschst."

Und so kam der Hase zu seinen langen Ohren.

JOWIIS UND DIE ADLER

EINE GESCHICHTE DER HAUDENOSAUNEE

Vor langer Zeit ging einmal ein Junge namens Jowiis zum Jagen in den Wald. Es war ein kalter Morgen und graue Wolken bedeckten den Himmel, als Jowiis loszog, mit seinem Bogen und einem Köcher voller Pfeile auf dem Rücken.

Erst lief er einen ihm vertrauten Pfad entlang, doch bald schon war der Pfad verschwunden, starke Regenfälle hatten ihn weggespült. So zog Jowiis auf eigene Faust weiter. Es dauerte nicht lange und er hatte sich verlaufen und kein Sonnenstrahl war da, der ihm hätte Orientierung bieten können.

Drei Tage lang irrte Jowiis durch den Wald, bis er schließlich matt und vor Hunger geschwächt am Ufer eines Flusses zu Boden sank und keinen Schritt mehr laufen konnte.

Weit über ihm am Himmel indes zog der Weißkopfseeadler Donyondo seine Kreise. Sein Herz war von Mitleid erfüllt, als er Jowiis dort am Ufer liegen sah. Er segelte hinab und hob Jowiis sanft in die Lüfte. Dann flog er mit dem Jungen bis zum nächstgelegenen Dorf und legte ihn dort auf der Erde ab.

Doch gerade als Donyondo weiterflog, setzte ein heftiger Regen ein. Und noch bevor jemand Jowiis bemerkt hätte, waren die Dorfbewohner schon in ihre Hütten geeilt.

Dann flog der Jagdgeier Sagadaoh über den Jungen hinweg. Auch er war voller Mitleid, wie er den Jungen dort halb tot am Boden liegen sah. Sagadaoh segelte hinab zu Jowiis und hob ihn sanft mit seinen Klauen auf. Bis über die Regenwolken flog er mit ihm, bis ins Land der Himmelsvögel. Dort brachte er Jowiis in die Hütte des Steinadlers Gadojih, des Anführers der Vögel.

Gadojih bettete Jowiis auf wärmende Federn, gab ihm zu essen und sah nach ihm.

Viele Tage lang behielt Gadojih Jowiis bei sich und kümmerte sich um ihn und in dieser Zeit wuchs ihm der Junge ans Herz.

Als Jowiis wieder gesund und bei Kräften war, dankte er Gadojih.

„Um diese Zeit führen die Sieben-Sterne-Brüder ihren Neujahrstanz auf", erzählte ihm Gadojih. „Wenn du möchtest, komm zu uns ins Himmelsrathaus, wo die Vögel heute ein Festmahl abhalten."

Die Himmelsvögel hießen Jowiis willkommen. Sie teilten ihr Mahl und lehrten ihn ihre Tänze. Sie erzählten von den Gesetzen der Vögel und erklärten ihm, wie man sie am besten schützt während der Nistzeit und wie man ihnen Unterschlupf bietet und sie füttert, wenn Schnee liegt. Jowiis hörte aufmerksam zu.

Als das Fest vorbei war, rief Gadojih den

Jagdgeier Sagadaoh und bat ihn, Jowiis zurück zur Erde zu bringen. Der Junge dankte dem Steinadler Gadojih und versprach, sich alles zu merken, was er gelernt hatte.

Dann schlüpfte Jowiis unter Sagadaohs großen Flügel und reiste zurück zur Erde.

Schnee bedeckte den Boden, auf den Flüssen lag eine Eisschicht und durch den Wald blies ein kühler Wind, als Jowiis in sein Dorf zurückkehrte. Auch hier hielten die Dorfbewohner gerade ein Festmahl im Rathaus ab.

Jowiis wurde mit großer Freude empfangen.

Er erzählte seinem Volk, was geschehen war und was ihm der Steinadler Gadojih alles beigebracht hatte. Er lehrte sie die Tänze und Gesetze der Vögel und erklärte ihnen, wie sie die Vögel zur Nistzeit am besten schützen konnten und wie man ihnen Unterschlupf bietet und sie füttert, wenn Schnee liegt.

Die Menschen hörten aufmerksam zu. Und von diesem Tag an schützten sie die Vögel und streuten im Winter Körner aus, damit sie etwas zu fressen hatten.

STADTMAUS UND WALDMAUS

EINE NORWEGISCHE GESCHICHTE

Bei einem Ausflug aufs Land begegnete die Stadtmaus der Waldmaus, die gerade Nüsse sammelte.

„Ziemlich harte Arbeit, all die Nüsse zu sammeln und nach Hause zu bringen, oder?", fragte die Stadtmaus.

„Ja", sagte die Waldmaus, „aber ich muss mir nun mal einen Vorrat für den Winter anlegen."

Die Stadtmaus hatte Mitleid mit der Waldmaus. „Du leidest bestimmt oft Hunger hier auf dem Land."

„O nein, gar nicht", erwiderte die Waldmaus. „Es gibt reichlich Beeren, Samen und Wurzeln zu essen und gleich neben meinem Haus ist eine Quelle mit köstlichem Wasser. Für Mäuse gibt es nichts Besseres als ein Leben im Wald."

„Also, da bin ich anderer Meinung", sagte die Stadtmaus, für die das Landleben nach einfachem Essen und harter Arbeit klang. „In der Stadt lebt es sich viel leichter und es gibt eine Menge Leckereien. Komm doch mal und sieh selbst."

Und weil die Waldmaus neugierig geworden war auf das Leben in der Stadt, vereinbarten die beiden, sich gegenseitig einen Weihnachtsbesuch abzustatten und zu sehen, wer nun das bessere Leben führte.

Die Stadtmaus war als Erste dran. Sie kämpfte sich durch den Schnee den Berg hinauf und war völlig erschöpft, als sie schließlich im Wald ankam. „Hoffentlich bekomme ich wenigstens etwas Gutes zu essen", dachte sie.

Tatsächlich brachte die Waldmaus die schönsten Leckereien aus ihrem Lager und holte frisches Quellwasser dazu. Bald war der Tisch mit Haselnüssen, Weizenkörnern und Süßholzwurzeln gedeckt und die beiden schlugen sich die Bäuche voll.

„Ich danke dir für die Bewirtung", sagte die Stadtmaus. „Du hast reichlich zu essen, das sehe ich, aber so wenig Auswahl muss doch etwas eintönig sein. Wenn du bei mir bist, zeige ich dir, was für Leckerbissen die Stadt zu bieten hat."

Ein paar Tage später machte sich also die Waldmaus auf den Weg zur Stadtmaus, die unter den Dielenbrettern eines großen Hauses lebte.

Die Stadtmaus hatte in der Küche allerlei Reste des Weihnachtsfestmahls aufgetrieben: Käsestückchen, Gebäck, Früchte und Kuchen – solche Leckerbissen hatte die Waldmaus noch nie gekostet.

Die Waldmaus schlug sich den Bauch voll, und weil sie das Essen durstig gemacht hatte, bat sie die Stadtmaus um etwas Wasser.

„Wir müssen hier kein Wasser trinken", sagte die Stadtmaus. „Es gibt jede Menge Bier. Wir können uns im Keller bedienen."

Die Waldmaus folgte ihr durchs Haus in Richtung Keller, doch als sie so über den Boden trippelten, hörte die Küchenkatze ihre winzigen Füßchen. Sie sprang auf und schnappte den Schwanz der Waldmaus.

Die Waldmaus saß in der Falle. Zitternd vor Angst überlegte sie blitzschnell und meinte zur Katze: „Wenn du mich am Leben lässt, erzähle ich dir eine Geschichte."

Die schlaue Katze mochte Geschichten und war einverstanden. „Dann esse ich sie eben danach", dachte sie bei sich.

Also setzte die Waldmaus zu einer langen Geschichte über zwei kleine Mäuse an. Zum Glück rief die Köchin die Katze zum Essen, als sich die Geschichte gerade ihrem Ende zuneigte, und die Katze flitzte ab in die Küche.

Blitzschnell huschten die beiden Mäuse davon und brachten sich in Sicherheit.

Als die Waldmaus wieder zu Atem gekommen war, sagte sie zu ihrer Freundin: „Freu du dich ruhig an deinen Leckereien und deinem Bier – ich bleibe bei meinem Landleben. Da muss ich zwar hart arbeiten und habe nur einfaches Essen, aber dafür kann ich in Frieden leben und habe nichts zu befürchten."

Und so wünschte die Waldmaus der Stadtmaus frohe Weihnachten und kehrte glücklich zurück in ihre Mäusehöhle.

SHINGEBISS

EINE GESCHICHTE DER OJIBWE

Die Wildente Shingebiss lebte am Rande der Bucht in einer gemütlichen Hütte.

Eines Winters fegte der Nordwestwind über die Bucht und ließ mit seinem eisigen Atem das Wasser gefrieren. Shingebiss aber fürchtete die Kälte nicht. Er sammelte Holz, damit das Feuer in seiner Höhle nicht ausging, und ging dann hinaus aufs Eis, wo er ein paar Schilfrohre aus dem Eis zog, damit ein Loch entstand und er Fische fangen konnte.

Er glitt durch das Loch ins Wasser, tauchte und kam kurz darauf mit einem leckeren Fisch im Schnabel zurück. Auf dem Weg zurück in seine Hütte trällerte er ein Lied:

„Blas, so fest du willst, Nordwestwind, ich hab keine Angst. Wir alle folgen der Natur und tun, was uns bestimmt.“

„Hey, ho!“, rief der Nordwestwind. „So eine tapfere kleine Ente. Da werde ich wohl mal etwas fester pusten.“ Und er blies zehnmal stärker mit einem Atem wie Nadeln aus Eis.

Aber Shingebiss war unerschrocken. Am nächsten Tag machte er ein neues Eisloch und holte sich den nächsten Fisch. Auf dem Heimweg sang er wieder:

„Blas, so fest du willst, Nordwestwind, ich hab keine Angst. Wir alle folgen der Natur und tun, was uns bestimmt.“

„Hey, ho!“, rief der Nordwestwind. „Ich werde der kleinen Ente wohl mal einen Besuch abstatten müssen.“ Und er folgte Shingebiss bis zu seiner Hütte und blies einen eisigen Windstoß hindurch.

Aber Shingebiss war unerschrocken. Er legte ein weiteres Scheit ins Feuer und briet seinen Fisch. Und dabei sang er:

„Blas, so fest du willst, Nordwestwind, ich hab keine Angst. Wir alle folgen der Natur und tun, was uns bestimmt.“

Da wurde der Nordwestwind sehr ärgerlich. Er toste in die Hütte, setzte sich und blies kräftig ins Feuer.

Shingebiss hieß ihn willkommen. Er legte noch ein paar Scheite nach, bis die Flammen aufloderten und es richtig schön warm war in der Hütte.

Der Nordwestwind stöhnte. „Hey, ho!“, klagte er und Tränen liefen ihm über die Wangen. „Einen Augenblick länger hier und ich schmelze.“

Und so verließ er die Hütte und jagte über die Bucht und Shingebiss konnte in Ruhe seinen köstlichen Fisch verspeisen.

DAS WEIHNACHTSLIED DES ROTKEHLCHENS

EINE ENGLISCHE GESCHICHTE

Eines sonnigen Weihnachtsmorgens spazierte eine Katze das Flussufer entlang. Da flog ein Rotkehlchen vorbei.

„Wohin des Weges?", fragte die Katze.

„Ich bin auf dem Weg zum König, ich will ihm ein Lied singen an diesem herrlichen Weihnachtsmorgen", antwortete das Rotkehlchen.

„Komm doch ein Stück näher", sagte die Katze. „Ich zeige dir das hübsche weiße Fell an meinem Hals."

„Nein, nein, Katze", sagte das Rotkehlchen. „Du hast gestern schon die Maus gejagt. Da sollst du nicht auch noch mich jagen." Und weg war es.

Bald kam das Rotkehlchen an den Waldrand, wo ein Habicht auf einer Steinmauer saß. „Wohin des Weges, kleiner Vogel?", fragte der Habicht.

„Ich bin auf dem Weg zum König, ich will ihm ein Lied singen an diesem herrlichen Weihnachtsmorgen", antwortete das Rotkehlchen.

„Komm doch ein Stück näher", sagte der Habicht. „Ich zeige dir eine hübsche gesprenkelte Feder an meinem Flügel."

„Nein, nein, Habicht", sagte das Rotkehlchen. „Du hast gestern schon nach dem Spatz gepickt. Da sollst du nicht auch noch nach mir picken." Und weg war es.

Kurz darauf machte das Rotkehlchen Rast auf einer Stechpalme. Darunter saß ein Fuchs. „Wohin des Weges, kleiner Vogel?", fragte er.

„Ich bin auf dem Weg zum König, ich will ihm ein Lied singen an diesem herrlichen Weihnachtsmorgen", antwortete das Rotkehlchen.

„Komm doch ein Stück näher", sagte der Fuchs. „Ich zeige dir meine hübsche weiße Schwanzspitze."

„Nein, nein, Fuchs", sagte das Rotkehlchen. „Du hast gestern schon das Lamm gebissen. Da sollst du nicht auch noch mich beißen." Und weg war es.

Schließlich erreichte das Rotkehlchen den Palast. Es setzte sich auf die Fensterbank und trällerte sein Lied.

König und Königin waren hingerissen. Sie füllten einen Teller mit Köstlichkeiten und stellten ihn auf die Fensterbank.

Noch nie hatte das kleine Rotkehlchen etwas so Gutes gegessen. Als es fertig war, sang es sein Lied aus lauter Dankbarkeit gleich noch einmal – und weg war es.

TRICKS UND TRÜGEREIEN

TRICKS UND TRÜGEREIEN

DIE SILBERNE FLÖTE

EINE SPANISCHE GESCHICHTE

Manuel lebte an den Ausläufern der Sierra Nevada und verbrachte seine Tage glücklich auf den Bergwiesen, wo er mit dem Hund Toro die Schafe seines Vaters hütete. Zu Hause allerdings ging es weniger friedlich zu. Manuels Stiefmutter konnte ihn nicht ausstehen und wäre ihn am liebsten losgeworden. Kam Manuel einmal ein Schaf abhanden, schrie sie ihn an und drohte, ihn hinauszuwerfen. Und so lebten Manuel und sein Vater in permanenter Angst.

Eines Tages zog ein Schneesturm auf einer der höhergelegenen Weiden auf. Die Flocken fielen so dicht und zahlreich, dass es Manuel unmöglich war, die Herde zusammenzuhalten, und so verstreuten sich die Tiere über den ganzen Berghang.

Manuel und Toro suchten Schutz in einer Höhle. Als der Sturm vorüber war, machten sie sich auf die Suche nach der Herde, doch alles, was sie fanden, waren zwei an einen Felsen gekauerte Schafe. „Wie soll ich nur nach Hause gehen mit so schrecklichen Neuigkeiten?“, sagte Manuel weinend.

Da brach mit einem Mal die Sonne zwischen den Wolken durch. Irgendetwas brachte Toro zum Knurren. Manuel öffnete die Augen.

Vor sich sah er eine große Frau in einem schwarzen Umhang. Ganz ruhig stand sie da und betrachtete ihn mit strahlenden Augen.

„Ich sehe, du bist in Schwierigkeiten“, sagte sie.

„Ja“, antwortete Manuel. „Bis auf die beiden hier sind mir alle Schafe meines Vaters davongelaufen.“

Da nahm die Frau eine kleine silberne Flöte aus ihrer Tasche, betrachtete sie einen Augenblick lang nachdenklich und reichte sie dann Manuel.

Manuel musterte das hübsche Instrument, das mit winzigen Granatäpfeln verziert war, den für dieses Land typischen Früchten. Als er wieder aufsah, um der Frau zu danken, war sie auf genauso rätselhafte Art verschwunden, wie sie gekommen war.

Er setzte die silberne Flöte an die Lippen und entlockte ihr zu seiner Überraschung tatsächlich eine Melodie. Das sanfte Lied schien aus der Flöte selbst zu kommen und strich so natürlich wie der Wind über die schneebedeckten Gipfel der Berge.

Als sie Manuel so spielen hörten, schüttelten sich die beiden Schafe den Schnee vom Fell, stellten sich auf die Hinterbeine und führten einen Freudentanz auf. Manuel war hingerissen. Er schlug mit dem Fuß den Takt und hörte nicht auf zu spielen. Da sprang auch Toro auf, gesellte sich zu den Schafen und wiegte sich schwanzwedelnd von einer Seite zur anderen. Es dauerte nicht lange, da kamen auch die anderen Schafe lautstark

zur Musik blökend auf den Hinterbeinen angetanzt.

Bei ihrem Anblick setzte Manuel die Flöte ab und brach in Gelächter aus. Kaum war die Musik verklungen, fielen die Schafe auf alle viere und schnüffelten im Schnee nach Gras und auch Toro hörte auf zu tanzen und setzte sich neben sein Herrchen.

Von diesem Tag an nahm Manuel stets die silberne Flöte mit in die Berge und spielte. Die Schafe aber wurden vom vielen Tanzen immer magerer. Als Manuels Stiefmutter das bemerkte, schimpfte sie ihn heftig aus. Doch Manuel achtete gar nicht auf sie.

„Jetzt, wo ich meine Flöte habe, kann ich mich aufmachen und mein Glück in der Welt suchen", sagte er zu Toro.

Doch nichts machte seine Stiefmutter wütender, als ignoriert zu werden. Sie öffnete schon den Mund, um die wüstesten Beschimpfungen loszuwerden, doch bevor sie auch nur ein Wort sagen konnte, nahm Manuel die Flöte aus der Tasche und begann zu spielen.

Unversehens fand sich die Stiefmutter tanzend wieder. Quer durch die ganze Küche wirbelte sie, unfähig anzuhalten. Verzweifelt rief sie um Hilfe, doch es war niemand sonst zu Hause. Und so musste sie notgedrungen Manuel auf die Straße und hoch hinauf in die Berge folgen.

Immer weiter und weiter tanzte die Stiefmutter. Mit dem tanzenden Toro im Gefolge wirbelte sie herum und drehte sich zur Melodie der silbernen Flöte.

Niemand hat je erfahren, wo Manuel sie schließlich zurückließ und wohin er selbst weiterzog. Aber wenn du einmal eine Flöte hörst und zu tanzen beginnst, dann ist er vielleicht ganz in deiner Nähe.

TRICKS UND TRÜGEREIEN

NORDEN, SAGT DER BÄR

EINE FINNISCHE GESCHICHTE

Eines Tages fing der Bär ein Moorhuhn im Wald. Er war sehr stolz auf sich. „Wenn die anderen Tiere das sehen, wird mich wohl niemand mehr tollpatschig nennen", dachte er, nahm den Vogel sehr sanft zwischen die Zähne und stapfte los.

Nicht lange darauf kam der Fuchs des Weges. Als er sah, wie prahlerisch der Bär herumstolzierte, beschloss er, sich einen Spaß mit ihm zu erlauben. Schnüffelnd die Nase in den Wind streckend sah er hinauf in den Himmel. Der Bär indessen versuchte seine Aufmerksamkeit auf sich zu lenken.

„Hmpf. Mhm", grummelte er.

„Bist du das, Bär?", fragte der Fuchs, immer noch die Nase in die Luft gereckt. „Sag, aus welcher Richtung bläst der Wind heute?" Doch mit dem Moorhuhn im Maul konnte der Bär nicht antworten. „Hmpf. Mhm", grummelte er nur und hoffte, der Fuchs würde sich endlich umdrehen und ihn ansehen.

Doch der Fuchs schnüffelte nach wie vor in Richtung Himmel. „Mir scheint, er kommt aus Süden", sagte er. „Was meinst du?"

„Hmpf. Mhm", grummelte der Bär, der allmählich ärgerlich wurde.

„Ah, du denkst also auch, er kommt aus Süden", sagte der Fuchs. „Bist du sicher?"

Jetzt war der Bär wirklich sauer, dass sich der Fuchs nur für den Wind interessierte. „Hmpf. Mhm. Grmpf!", grummelte er lautstark.

„Ach! Also doch nicht aus Süden?" Der Fuchs wirkte überrascht. „Aber woher kommt er dann, Bär?"

Der Bär war jetzt so aufgebracht über die ganze Fragerei, dass er gedankenlos das Maul öffnete und „Norden!" donnerte. Und das Moorhuhn flog auf und in den Wald hinein.

„Jetzt schau, was du angerichtet hast!", schrie der Bär. „Ich hatte es eigenhändig gefangen!"

„Aber was hab ich damit zu tun?", fragte der Fuchs unschuldig.

„Du hast mich die ganze Zeit gefragt, woher der Wind kommt!", rief der Bär.

Der Fuchs zuckte mit den Schultern. „Hättest doch den Mund nicht aufmachen müssen."

„Man kann aber nicht ‚Norden' sagen, ohne den Mund aufzumachen", erwiderte der Bär.

Da grinste der Fuchs. „Dann hättest du eben ‚Osten' sagen müssen", meinte er, „dann wär dir das Moorhuhn nicht davongeflogen." Und in sich hineinlachend trabte er ab in den Wald.

SCHNEETOCHTER UND FEUERSOHN

TRICKS UND TRÜGEREIEN

EINE ENGLISCHE GESCHICHTE

Es waren einmal eine Frau und ihr Mann, die hätten so gern eigene Kinder gehabt.

Eines verschneiten Morgens standen die beiden vor ihrem Haus, und als die Frau die Eiszapfen betrachtete, die vom Dach hingen, sagte sie: „Ich wünschte, wir hätten so viele Kinder, wie hier Eiszapfen hängen."

Und während sie sprach, brach ein winziger Eiszapfen ab und fiel ihr in den Mund. Die Frau schluckte ihn hinunter und meinte zu ihrem Mann: „Vielleicht bekomme ich ja jetzt ein Schneekind."

Und tatsächlich brachte sie kurz darauf zu ihrer großen Überraschung ein kleines Mädchen zur Welt, so weiß wie Schnee und so kalt wie Eis.

Die kleine Schneetochter wurde größer und größer, aber leicht war es nicht mit ihr. Sie ertrug es nicht, in der Nähe des Feuers zu sein, und fing an zu schreien, sobald ihr warm wurde. Die Sommermonate verbrachte sie unten im kühlen Keller des Hauses und im Winter schlief sie draußen im Schnee. Je kälter ihr war, umso glücklicher schien sie.

Eines Tages, als ihre Tochter draußen im Schneegestöber spielte, saßen die Frau und ihr Mann am Feuer zusammen. „Ich wünschte, wir hätten ein weiteres Kind, das uns Gesellschaft leistet", sagte die Frau.

Und während sie sprach, flog ein leuchtender Funke aus dem Feuer direkt in ihren Schoß. „Vielleicht bekomme ich ja jetzt ein Feuerkind", sagte die Frau zu ihrem Mann.

Und tatsächlich brachte sie kurz darauf einen Jungen zur Welt, mit roten Bäckchen und so heiß wie eine gekochte Kartoffel.

Der kleine Feuerjunge wurde größer und größer, aber leicht war es nicht mit ihm. Er ertrug es nicht, entfernt vom Feuer zu sein, und fing an zu schreien, sobald ein Fenster offen stand. Im Sommer lag er in der Sonne und im Winter saß er so nah an der Feuerstelle, dass ihn fast die Flammen berührten.

Die beiden Kinder konnten keine Minute zusammen sein. Kaum kam die Schneetochter ins Haus, klagte ihr Bruder über die Kälte und wich zurück vor ihr. Und sobald ihr der Feuerjunge zu nahe kam, floh seine Schwester vor seiner Hitze. Und so lernten sie einander zu meiden.

Die Zeit verging und die Schneetochter wuchs zu einer schönen jungen Frau heran und ihr Bruder zu einem schönen jungen Mann. Ihre Eltern dagegen wurden alt und grau. Erst starb die Mutter, kurz darauf der Vater.

„Jetzt, wo wir allein sind, gibt es keinen Grund, länger hierzubleiben", sagte der Feuersohn zu seiner Schwester. „Ich will mich aufmachen und neue Orte entdecken."

„Du bist alles, was ich habe in der Welt", erwiderte die Schneetochter. „Ich komme mit dir."

Dann nähte sie zwei dicke Umhänge. „Der eine wird dich vor meiner Kälte schützen", sagte sie zu ihrem Bruder, „und der an-

dere schützt mich vor deiner Hitze." Und so machten sie sich, in ihre Umhänge gewickelt, auf den Weg zu neuen Orten. Zum ersten Mal in ihrem Leben konnten sie Zeit miteinander verbringen und sie gewannen sich sehr lieb.

Am Anfang des Winters richteten sie sich im Wald ein. Der Feuersohn baute eine Hütte, in der Tag und Nacht ein Feuer brannte, während die Schneetochter draußen lebte, in Frost und Eis.

Eines Tages kam ein Prinz vorbeigeritten. Er sah die Schneetochter unter den Bäumen tanzen, und als sie ihn auch bemerkte, verliebten sich die beiden auf den ersten Blick. Noch bevor der Winter vorbei war, hatten sie geheiratet.

Der Prinz baute ein Eishaus für seine Frau und ein Haus mit einem Holzofen für ihren Bruder. Die drei lebten glücklich zusammen, bis der Prinz ein Festmahl zu seinem Geburtstag plante. Denn als der Feuersohn zum Fest erschien, wurde es so unerträglich heiß, dass sämtliche Gäste Reißaus nahmen.

Voller Mitgefühl streckte der Feuersohn die Hand nach ihm aus, noch bevor der Prinz ihn bitten konnte zu gehen. Mit einem Schrei war der Prinz zu Asche verbrannt.

Der Feuersohn war zutiefst traurig. Als die Schneetochter sah, was geschehen war, wollte sie ihn in den Arm nehmen und trösten – doch da schmolz sie schon zu einer Pfütze dahin und er war zu einer Dampfwolke verpufft.

Nur zwei dicke Umhänge hingen noch im Palast und zeugten von den Kindern aus Eis und Feuer.

TRICKS UND TRÜGEREIEN

DAS NEUE BLOCKHAUS

EINE FINNISCHE GESCHICHTE

Eines Tages beschlossen die Bewohner des Örtchens Hölmölä, ein neues Holzblockhaus zu bauen.

„Aber woraus nur?", fragten sie sich. Und obwohl sie lange angestrengt nachdachten, fiel niemandem eine Antwort ein.

Schließlich erhob sich ein großer Mann. „Wie wäre es mit ein paar Holzstämmen?"

„Sehr gute Idee!", meinten die Männer des Dorfes. „Wir fällen einfach ein paar Bäume!"

Am nächsten Morgen holten sie ihre Äxte, um in den Wald zu gehen. Sie hatten allerdings nur ein Pferd und einen Schlitten für alle.

„Ich hatte die Idee, also bekomme ich den Schlitten", meinte der große Mann.

„Er wird schon wissen, wovon er spricht", dachten die anderen und waren einverstanden.

Und so fuhr der Mann mit dem Schlitten los und die anderen folgten ihm zu Fuß. Als er gerade außer Sichtweite war, holperte der Schlitten über einen Buckel, und ohne dass es der Mann bemerkte, fiel die Axt herunter.

Als sie die anderen kurz darauf dort liegen sahen, sagten sie sich: „Wenn ein kluger Mann seine Axt auf den Weg legt, dann sollten wir das auch tun." Und so legten alle ihre Äxte nieder und gingen weiter.

Als sie den großen Mann eingeholt hatten, wählten sie den ersten Baum aus.

„Aus dem werden wir eine Menge Holz gewinnen", meinte der große Mann. Doch ohne Axt konnten sie den Baum nicht fällen. Sie setzten sich und kratzten sich die Köpfe, ratlos, was nun zu tun wäre.

„Wenn wir den Baum nicht fällen können, dann brechen wir ihn eben ab", sagte der große Mann schließlich.

„Gute Idee!", meinten die anderen. „Aber wie?"

„Ich habe einen Plan", sagte der große Mann. „Ich bin der Schlauste, also klettere ich als Erster hoch und hänge mich an einen Ast. Dann klettert der Nächste hoch und hängt sich an meine Füße und der Nächste hängt sich an seine Füße und dann der Nächste, bis wir so schwer sind, dass der Baum abbricht."

„Gute Idee!", meinten die anderen.

Und schon kletterte der große Mann den Stamm hinauf. Er hängte sich an einen hohen Ast und rief den Nächsten. Also kletterte der Nächste den Baum hinauf und hängte sich an seine Füße, dann kam der Nächste und hängte sich an dessen Füße und der Nächste, bis der Baum sich bog und zu knarzen begann.

„Bald haben wir jede Menge Holz!", schrie der große Mann. Doch das Gewicht all der Menschen, die an seinen Füßen hingen,

machte ihm allmählich zu schaffen. „Macht euch so schwer wie möglich, ich spucke mir nur kurz in die Hände, um einen besseren Halt zu haben", rief er.

Kaum hatte er den Ast losgelassen, stürzten alle Mann zu Boden und landeten auf einem Haufen.

Wieder saßen sie da und kratzten sich die Köpfe, ratlos, was nun zu tun wäre.

„Wenn wir den Baum nicht brechen können, dann brennen wir ihn eben nieder", meinte der große Mann schließlich.

„Ausgezeichnete Idee!", meinten die Dorfbewohner.

Der große Mann holte eine Schachtel vom Schlitten und zog ein Streichholz heraus.

„Was, wenn das Streichholz sich nicht anzünden lässt?", fragte jemand.

„Ich bin der Schlauste", sagte der große Mann, „also werde ich es testen." Er ratschte das Streichholz über die Zündfläche und es loderte auf. „Na also", meinte er. Inzwischen war das Streichholz jedoch abgebrannt. Er testete ein weiteres, dann noch eines und noch eines, bis keines mehr übrig war.

„Womit können wir sonst noch Feuer machen?", fragten sich die Dorfbewohner.

Wieder hatte der große Mann eine Idee. „Als ich vom Baum gefallen und unten aufgeschlagen bin, habe ich eine Menge Sterne und Funken gesehen", sagte er.

„Wir auch!", riefen die anderen.

„Ja, aber ich bin hier der Schlauste", sagte der große Mann. „Also müsst ihr mir auf den Kopf hauen und einen der Funken einfangen und damit zündet ihr dann den Baum an."

Die Dorfbewohner waren einverstanden. Einer der Männer stieg auf einen Baumstumpf und schlug dem großen Mann auf den Kopf. Aber obwohl sie die Funken fliegen sahen, konnten sie keinen einzigen einfangen. Der Schlag jedoch hatte ein wenig Verstand im Kopf des Mannes freigesetzt.

„Wartet!", rief er. „Warum holen wir nicht einfach unsere Äxte und fällen damit den Baum?"

„Gute Idee!", meinten die Dorfbewohner. „Du bist wirklich der schlauste Mann von ganz Hölmölä!"

Und dann fällten sie den Baum.

DIE ZWEI WÜNSCHE

EINE NIEDERLÄNDISCHE GESCHICHTE

Es war Heiligabend. Im sanft fallenden Schnee lief der heilige Petrus durch die mondbeschienenen Straßen einer Kleinstadt. Er wollte sichergehen, dass es den Menschen dort gut ging.

An einem großen, hell erleuchteten Haus hielt er an und klopfte an die Tür. Von drinnen hörte er eine verärgerte Stimme: „Wer stört uns denn an Heiligabend? Sicher jemand, der Almosen will!“

Eine wütend aussehende Frau öffnete die Tür. „Wir haben nichts für Fremde!“, blaffte sie Petrus an, bevor er auch nur ein Wort herausbrachte. „Du hast vermutlich den Eintopf gerochen. Nun, er reicht gerade für uns selbst. Geh weiter, alter Mann.“ Und damit schlug sie ihm die Tür vor der Nase zu.

Der heilige Petrus ging weiter, bis er am Stadtrand an eine kleine Hütte mit einer einzigen Lampe im Fenster gelangte. Er klopfte an.

Von drinnen hörte er eine freundliche Stimme: „Wer ist denn bei diesem Wetter draußen an Heiligabend? Sicher jemand, der Hilfe braucht.“

Eine alte Frau öffnete die Tür. „Ach, Sie Armer“, sagte sie, bevor Petrus auch nur ein Wort herausbrachte. „Sie sehen ja ganz erfroren aus. Kommen Sie doch herein und wärmen Sie sich auf.“

Petrus dankte ihr. Die alte Frau stellte seine nassen Schuhe zum Trocknen ans Feuer und teilte ihr Abendessen mit ihm, eine einfache Brühe. „Es ist so eisig heute“, sagte sie. „Bleiben Sie doch über Nacht.“ Sie legte mehr Torf ins Feuer und richtete Petrus ein bequemes Lager.

„Ich kann Sie nicht bezahlen für Ihre Freundlichkeit“, sagte Petrus am nächsten Morgen zu der alten Frau, „aber wenn Sie einen Wunsch haben, so soll er in Erfüllung gehen.“

Die alte Frau war so überrascht, dass ihr kein Wunsch einfiel.

„Keine Sorge“, meinte Petrus. „Wenn Sie so weit sind, sprechen Sie Ihren Wunsch einfach aus.“ Dann ging er seines Weges.

Kurz darauf fiel der Blick der Frau auf den Webstuhl ihres kürzlich verstorbenen Mannes, auf dem noch eine Stoffbahn lag.

„Wenn ich den Stoff abmesse, könnte ich ihn verkaufen“, dachte sie bei sich. Das brachte sie auf eine Idee und sie sagte: „Die Arbeit, die ich morgen früh beginne, soll den ganzen Tag anhalten.“

Am nächsten Morgen begann sie mit der Arbeit. Sie maß zwölf Meter Stoff ab und rollte ihn auf. Dann machte sie dasselbe noch mal. Und so ging es den ganzen Tag weiter, ohne dass der Stoffballen kleiner wurde. Als es dunkel wurde, hatte sie so viele Rollen in

der Hütte gestapelt, dass sie kaum noch in ihr Bett kam.

In jener Nacht segnete die alte Frau den Fremden für sein Geschenk. Sie hatte nun so viel Stoff zu verkaufen, dass sie genug Geld für den Rest ihres Lebens haben würde.

Bald hatte sich das Stoffwunder herumgesprochen. Als die Frau, die Petrus fortgeschickt hatte, davon hörte, wurde sie sehr zornig. „Warum hat er denn nicht gesagt, wer er ist?", fuhr sie ihren Mann an. „Wenn er nächstes Jahr wiederkommt, bin ich jedenfalls bereit."

Im folgenden Jahr klopfte der heilige Petrus erneut an ihre Tür. Diesmal riss die Frau eifrig die Tür auf. „Kommen Sie, kommen Sie", sagte sie. „Ich habe ein Festmahl gekocht, es gibt reichlich zu essen." Sie wies ihren Mann an, den Mantel des Besuchers zum Trocknen ans Feuer zu hängen und das Gästebett vorzuwärmen. „So wie es draußen schneit", sagte sie, „bestehe ich darauf, dass Sie über Nacht bleiben."

Am nächsten Morgen dankte ihr der heilige Petrus. „Ich kann Sie nicht bezahlen für Ihre Freundlichkeit", sagte er, „aber was immer Sie morgen früh beginnen, wird den ganzen Tag andauern."

Kaum hatte er das Haus verlassen, sagte die Frau zu ihrem Mann: „Statt Stoff zu schneiden wie diese törichte alte Witwe, werde ich morgen früh Geld zählen – und am Ende des Tages sind wir reich!"

In jener Nacht war sie zu aufgeregt, um schlafen zu können. Also stand sie auf, um Säcke für das ganze Geld zu nähen. Sie begann, den Stoff zuzuschneiden, doch als sie mit dem Nähen beginnen wollte, konnte sie zu ihrem Entsetzen nicht mehr aufhören zu schneiden. Erst zerschnitt sie die Laken, dann die Kissenbezüge, dann war der Teppich dran.

„Du dumme Frau!", schrie ihr Mann. „Es war wohl nach Mitternacht, als du angefangen hast – und jetzt kannst du bis zum Abend nicht mehr aufhören."

Und so war es. Sie zerschnitt seine Hemden und Hosen und ihre Kleider und Röcke, sie zerschnitt sämtliche Vorhänge und selbst die Geschirrtücher. Am Ende des Tages war ihnen nichts geblieben als ein großer Haufen Stofffetzen und die Kleider, die sie am Leib trugen.

TRICKS UND TRÜGEREIEN

EIN GESCHENK VON VÄTERCHEN FROST

EINE RUSSISCHE GESCHICHTE

Eines Winterabends klopfte ein Fremder an die Tür eines Gehöfts, in der Hoffnung, dort einen Schlafplatz für die Nacht zu finden.

„Wer bist du?“, fragte der arme Mann, der auf dem Bauernhof lebte.

„Ich bin der jüngste Sohn von Väterchen Frost“, antwortete der Fremde. „Aus dem hohen Norden komme ich und möchte andere Länder bereisen.“

Der Mann bat den Fremden herein, und da es plötzlich kalt geworden war, bot er ihm das Bett über dem Ofen an.

Am nächsten Morgen war es bitterkalt in dem Raum und die Wände waren mit Eiskristallen bedeckt. Zum Erstaunen des Mannes schlief sein Gast dennoch ohne Bettzeug. Er fürchtete schon, sein Gast sei erfroren, da wachte der Fremde auf, beklagte sich über das zu warme Zimmer und zog weiter.

Wenige Wochen später klopfte erneut ein Fremder an die Tür des Gehöfts. Er sei der zweite Sohn von Väterchen Frost, sagte er und genau wie sein Bruder bat auch er um einen Schlafplatz.

Auch ihm bot der arme Mann das Bett über dem Ofen an.

Am nächsten Morgen war es so kalt in dem Raum, dass sich Risse in den Holzwänden gebildet hatten und das Wasser in der Tonne gefroren war.

Doch wie sein Bruder hatte auch dieser Fremde ohne Bettzeug geschlafen. Und auch er klagte, es sei so heiß gewesen, dass er bis zum Morgengrauen nicht habe einschlafen können. Dann zog er weiter.

Wenige Wochen später stand der dritte Fremde vor der Tür. Er sei der älteste Sohn von Väterchen Frost, sagte er und fragte, ob der Mann einen Schlafplatz für ihn habe.

„Nein“, antwortete der Mann entschieden. „Deine beiden Brüder haben schon hier übernachtet und sie waren sehr undankbar. Such dir einen anderen Platz.“

Doch der Fremde flehte ihn an. „Ich entschuldige mich für meine Brüder“, sagte er, „und verspreche, dass ich mich erkenntlich zeigen werde.“

Er sah so erschöpft aus, dass der Mann schließlich Mitgefühl bekam. „Na gut“, meinte er, „du kannst in der Scheune schlafen.“

Am nächsten Morgen hingen Eiszapfen von den Bäumen im Hof. Und als der Mann hinüber zur Scheune ging, war die Luft so eisig, dass sie ihn an den Zähnen schmerzte.

Die Scheunentür stand weit offen und wie seine Brüder hatte auch der Fremde ohne

Bettzeug geschlafen. Er wachte auf und lächelte. „Was für ein wunderbarer Schlafplatz“, sagte er, „so herrlich kühl.“ Er öffnete seine Reisetasche und nahm zwei kleine, unscheinbare Säckchen heraus. „Nimm diese Geschenke meines Vaters als Dank für deine Gastfreundschaft. Das schwarze ist ein Wärmesäckchen, das weiße ein Kältesäckchen. Wenn du es wärmer oder kälter haben möchtest, musst du das jeweilige Säckchen nur ein kleines Stück weit öffnen. Aber sei vorsichtig: Öffnest du es zu weit, wirst du wie in einem Backofen verglühen oder bei Eiseskälte erstarren.“ Dann zog er weiter.

Väterchen Frosts Geschenke erleichterten dem Mann das Leben beträchtlich. Er musste kein Holz mehr hacken, weil es im Haus dank des Wärmesäckchens mollig warm war. Auch den Schnee auf den Feldern brachte er damit zum Schmelzen und so begann das Korn schon früher zu sprießen.

Es dauerte nicht lange, da fragten sich die Nachbarn, warum seine Felder schon grünten, während bei ihnen noch der Boden gefroren war. Bald hatte sich das Gerücht verbreitet, der Mann besitze ein magisches Wärmesäckchen.

Das Gerücht erreichte auch den Bauern, auf dessen Land der arme Mann lebte. Er zitierte den Mann zu sich.

„Ist es wahr, dass du ein magisches Wärmesäckchen besitzt?“

„Ja, Herr“, antwortete der Mann.

„Dann bring es her“, sagte der Bauer. „Ich will es haben.“

Der Mann ging nach Hause, aber weil er sein kostbares Geschenk nicht hergeben wollte, versteckte er es im Haus. Als er nicht zurückkam, machte sich der Bauer selbst auf den Weg zu ihm und hämmerte an die Tür.

„Wenn du mir nicht gehorchst, musst du von hier fortgehen“, schrie er. „Alles, was du hast, gehört mir, vergiss das nicht!“

Mit dem Kältesäckchen in der Hand öffnete der Mann die Tür einen kleinen Spalt. Er musste es nur ein wenig aufziehen und dem Bauern schlug ein Schwall bitterer Kälte entgegen, der seine Nase gefrieren ließ und ihm in den Ohren stach. Unter Schmerzensschreien rannte er davon und sollte den armen Mann nie wieder belästigen.

Doch die Gerüchte hielten sich und wenige Monate später bat der reichste Bauer im Dorf dem Mann einen ganzen Sack voll Gold für das Wärmesäckchen. Doch der Mann lehnte ab. „Gold ist schnell ausgegeben“, sagte er. „Ich behalte lieber, was ich habe.“

Der reiche Bauer war es nicht gewohnt, dass er nicht einfach kaufen konnte, was er wollte. Und so schlich er sich noch in derselben Nacht in das Haus des schlafenden Mannes und stahl das Wärmesäckchen.

Zu Hause riss der reiche Bauer den Sack auf. Beißende Hitze erfüllte sein Haus, bis der reiche Mann aus Angst zu schmelzen floh. Er eilte zum Haus des armen Mannes, beichtete, was er getan hatte, und bat um Hilfe.

Der arme Mann machte sich mit dem Kältesäckchen auf den Weg zum Haus des reichen Bauern. Er musste es nur kurz öffnen und es war wieder kühl im Haus. Dann schnürte er das Wärmesäckchen zu und nahm mit, was ihm gehörte. Der reiche Bauer dankte ihm und machte ihm nie wieder Schwierigkeiten.

Schließlich hörte der König selbst von den magischen Säckchen. Auch er bot Gold, doch der Mann wollte sich nicht trennen von seinen Schätzen.

„Dann komm und wohn in meinem Palast“, bot der König an. „Du musst nur einmal am Tag das Wärmesäckchen öffnen, damit es schön warm ist im Palast und die Blumen im Garten blühen, dann sollst du alles haben, was du begehrst.“

Der Mann war einverstanden. Und so

wurde er ein Freund des Königs und lebte nicht länger in Armut.

Eines Tages kam ein Bote in den Palast und verkündete, eine Armee würde das Land überfallen. Daraufhin schickte der König seine eigene Armee zur Verteidigung, doch obwohl die Soldaten mutig kämpften, wurden sie geschlagen.

„Keine Sorge", sagte der Mann mit den Zaubersäckchen. „Verstecke dein Volk im Palastkeller und lass die feindlichen Soldaten nur kommen. Ich werde sie empfangen."

Also wies der König sein Volk an, sich zu verstecken.

Die Soldaten waren überrascht, die Stadt völlig leer vorzufinden. „Welch einfacher Sieg!", riefen sie und marschierten direkt auf den Palast zu, um zu feiern.

Während sie aßen und tranken, schlich sich der Mann mit dem Kältesäckchen heran. Er platzierte es unter dem Tisch, öffnete es und brachte sich in Sicherheit. Ein bitterkalter Windstoß pfiff durch den Palast und ließ alles in Frost erstarren.

Schaudernd und bibbernd flohen die Soldaten vor der Kälte und wagten es nie wieder, in das Königreich einzudringen.

Der Mann aber öffnete sein Wärmesäckchen, sodass es schön warm wurde und er das Kältesäckchen verschließen konnte.

Kein Feind wagte sich je wieder in die Nähe. Der Mann aber lebte glücklich mit seinem Freund, dem König, im Palast. Und als die beiden starben, verschwanden auch die Zaubersäckchen und wurden nie mehr gesehen.

WARUM DER BÄR DEN GANZEN WINTER SCHLÄFT

EINE NORDAMERIKANISCHE GESCHICHTE

Der Hase hatte ein Problem. Jedes Jahr im Herbst wurde der Bär sehr hungrig und sehr faul. Und statt selbst zu jagen oder zu fischen, bediente er sich einfach an den Vorräten des Hasen. Der Hase war die Tricks des Bären leid, aber er wusste nicht, was er dagegen unternehmen könnte.

Eines Herbsttags kletterte der Bär in den hohlen Stamm, in dem der Hase lebte, aß dessen gesamte Vorräte auf und schlief ein.

Als der Hase nach Hause kam und den Bären in seinem Stamm schnarchen hörte, war er sehr verärgert. „Jetzt reicht es aber!", schimpfte er. „Ich werde die anderen Tiere um Hilfe bitten."

Am Teich saß der Frosch.

„Der Bär hat meine ganzen Vorräte gefressen und jetzt liegt er schlafend bei mir zu Hause", klagte der Hase.

„Er hat auch jede Menge Fische aus dem Teich gefischt", schimpfte der Frosch. „Komm, wir fragen den Maulwurf um Rat."

Als er ihre Schritte hörte, steckte der Maulwurf den Kopf aus einem seiner Tunnel. Der Hase erzählte, was sie bekümmerte. „Er hat auch meinen Regenwurmvorrat geplündert", klagte der Maulwurf. „Kommt, wir fragen den Fuchs um Rat."

„Wir sollten mit dem Bären reden", schlug der Fuchs vor.

Also gingen sie alle gemeinsam zum hohlen Stamm des Hasen und spähten hinein. Der Bär schlummerte tief.

„Ich habe eine Idee", flüsterte der Fuchs. Er bat den Frosch um etwas Schlamm aus dem Teich, den Hasen um ein paar trockene Blätter und dem Maulwurf sagte er, er solle etwas Erde ausgraben. Dann vermengte er alles zu einem dicken Brei und verschloss damit den Eingang des hohlen Stammes.

„Das wird uns eine Weile vor seinem Unfug bewahren", meinte der Fuchs.

Als der Bär erwachte, war es stockfinster im Inneren des Stammes. „Ich muss den ganzen Tag geschlafen haben", dachte er, schloss die Augen und schlief wieder ein.

Als er nach einer Weile erneut erwachte, war es immer noch dunkel. Und so schlief er gähnend wieder ein.

Als er das nächste Mal erwachte, war ihm sehr warm. Durch die Risse im getrockneten Schlamm fiel Licht und draußen sangen die Vögel. Der Bär arbeitete sich aus seinem Schlafplatz und stellte zu seiner Überraschung fest, dass die Bäume grün waren und die Frühlingsblumen blühten. Da wurde ihm klar, dass er den ganzen Winter verschlafen hatte. „Das war der beste Schlaf meines Lebens", dachte er. „Genauso werde ich es ab jetzt jedes Jahr halten."

TRICKS UND TRÜGEREIEN

DER HERRLICHE MANTEL

EINE KASACHISCHE GESCHICHTE

Vor langer Zeit lebte einmal ein Kasache namens Aldar-Kose, der war schlau wie ein Fuchs.

Eines Tages ritt Aldar-Kose auf seinem ausgemergelten Pferd über die offene Steppe. Ein beißender Wind pfiff ihm um die Ohren. Es war so kalt, dass seine Hände taub wurden und seine Nase blau anlief.

Aldar-Kose zog die Schultern und den Kragen seines dünnen, zerlumpten Mantels hoch. „Schneller!", trieb er das Pferd an, aber das Tier schüttelte nur die Mähne und ignorierte ihn.

Ein Schauer überlief Aldar-Kose. „Ich habe einen langen Ritt auf einem müden Pferd vor mir und trage einen dünnen, löchrigen Mantel", murmelte er. „Vermutlich bin ich erfroren, noch bevor es Abend ist."

Plötzlich sah er einen Mann auf sich zureiten.

„Wie schnell er ist", dachte Aldar-Kose. „Er ist sicher reich und hat ein gutes Pferd."

Blitzschnell dachte er nach. Er richtete sich im Sattel auf, ließ den Mantel offen flattern und stimmte ein fröhliches Lied an.

Als die beiden auf gleicher Höhe waren, grüßten sie einander. Der Reiche trug einen dicken, warmen Mantel und wunderte sich, dass der Wind Aldar-Kose nichts auszumachen schien.

„Wie kommt es, dass dir nicht kalt ist?", fragte er. „Dein Mantel ist ja voller Löcher!"

„Genau das ist das Geheimnis!", sagte Aldar-Kose. „Der Wind pfeift in ein Loch hinein und aus dem anderen wieder hinaus. So ist mir nie kalt, selbst im tiefsten Winter nicht."

„Was für ein herrlicher Mantel!", rief der reiche Mann beeindruckt. „Verkauf ihn mir!"

„O nein", erwiderte Aldar-Kose. „Ohne meinen Mantel erfriere ich ja."

„Dann nimm meinen dafür", schlug der reiche Mann vor. „Ich gebe dir auch noch etwas Geld dazu."

„Geld brauche ich nicht", sagte Aldar-Kose. „Aber ich sag dir was: Wenn du den Mantel unbedingt willst, dann geb ich ihn dir für deinen Mantel und dein Pferd."

Der reiche Mann war begeistert. Hastig tauschte er den dicken Mantel und sein gutes Pferd. Der schlaue Aldar-Kose aber bedankte sich grinsend und galoppierte davon, so schnell wie der Wind.

ALEXANDER JONES

EINE SCHOTTISCHE GESCHICHTE

Ich will dir eine Geschichte erzählen. Es war ein kalter Wintertag. Ein Mann und seine Frau saßen zusammen am Feuer auf einer Bank mit einer hohen Rückenlehne und Seitenwänden, die die Zugluft abhalten sollten.

Der Mann, er hieß John, nahm die Pfeife aus dem Mund und meinte stirnrunzelnd: „Jean, rutsch ein kleines Stück nach Osten, du belegst mehr von der Bank, als dir zusteht."

Jean, die dabei war, ihre Strickwolle zu entwirren, achtete nicht auf ihn.

„Jean", wiederholte er, „rutsch ein kleines Stück nach Osten. Es ist egoistisch, sich so breitzumachen." Und er schob sie ein kleines Stück zum anderen Bankende.

„Was machst du da, John?", fragte Jean verärgert. „Und was meinst du mit Osten? Es gibt hier kein Osten."

„Wie kannst du so etwas sagen – es gibt kein Osten?", fragte er verwundert. „Die Sonne geht doch ununterbrochen gerade irgendwo auf der Welt auf im Osten, da wirst du mir doch wohl nicht widersprechen. Also ist überall Osten. Und weil überall Osten ist, kann es ja wohl kein Westen geben, also rede bitte keinen solchen Unsinn."

Jean legte ihr Strickzeug beiseite. „Du siehst das ganz falsch", belehrte sie John. „Die Sonne geht doch ununterbrochen gerade irgendwo auf der Welt im Westen unter. Folglich ist überall Westen und es kann gar kein Osten geben. Also, mach dich bitte nicht weiter lächerlich."

Verärgert paffte der Mann an seiner Pfeife. Er wollte eben etwas erwidern, als Jean aufsprang, den langen Rock hob und immerzu im Kreis durch den Raum lief, wobei sie „Westen, Westen, Westen!" rief, um ihm zu zeigen, wie sich die Sache verhielt.

Da sprang John auf und begann in der entgegengesetzten Richtung im Kreis zu laufen, wobei er „Osten, Osten, Osten!" rief.

Den beiden wurde so schwindlig, dass sie irgendwann mit den Köpfen zusammenstießen, was sie nur noch ärgerlicher machte und das Problem auch nicht löste.

Während des ganzen Spektakels saß Alexander Jones wortlos in der Ecke und sah ihnen zu.

John und Jean waren sich einig, dass die Frage nach Ost und West zu bedeutend war, um ungelöst zu bleiben, also machten sie sich auf den Weg zum Krämer, der ein großes Haus im Stadtzentrum besaß, und Alexander Jones ging mit ihnen.

Der Krämer zeigte sich äußerst interessiert an der Sache, ebenso seine Frau und seine Mutter und die Tante seiner Frau, die gerade zu Besuch war, und der Botenjunge und mehrere Kunden, aber eine Antwort hatte niemand. Die einen liefen in der einen Richtung um den Tisch und riefen: „Westen,

Westen, Westen!“ Und die anderen liefen in der anderen Richtung um den Tisch und riefen: „Osten, Osten, Osten!“

Irgendwann war allen so schwindlig, dass sie mit den Köpfen zusammenstießen, was sie sehr ärgerlich machte und das Problem auch nicht löste.

Alexander Jones saß indessen still in einer Ecke und schwieg.

Alle waren sich darin einig, dass die Frage nach Ost und West zu bedeutend war, um ungelöst zu bleiben, also gingen sie die Straße hinunter zum Gasthof, um die Wirtin zu befragen, und Alexander Jones ging mit ihnen.

Die Wirtin interessierte sich durchaus für die Sache, ebenso ihr Mann und sein alter Vater und der Bruder der Wirtin, der das Bier braute, und der Stalljunge und mehrere Gäste, aber auf eine Antwort konnten sie sich nicht einigen. Die einen liefen in der einen Richtung um den Tisch und riefen: „Westen, Westen, Westen!“ Und die anderen liefen in der anderen Richtung um den Tisch und riefen: „Osten, Osten, Osten!“

Schließlich war allen so schwindlig geworden, dass sie mit den Köpfen zusammenstießen, was sie sehr ärgerlich machte und das Problem auch nicht löste.

Alexander Jones saß indessen still in einer Ecke und schwieg.

Alle Menschen im Gasthof waren sich darin einig, dass das Thema zu bedeutend war, um unentschieden zu bleiben, also machten sie sich auf den Weg zum Richter, der das größte Haus in der Stadt besaß, und Alexander Jones ging mit ihnen.

Der Richter zeigte sich durchaus interessiert an der Sache, ebenso seine Frau, die vier Kinder der beiden, die Köchin und mehrere Menschen, die gerade da waren, um den Richter in irgendeiner wichtigen Angelegenheit um Rat zu fragen, aber auf eine Antwort konnten sie sich nicht einigen. Die einen liefen in der einen Richtung um den Tisch und riefen: „Westen, Westen, Westen!“ Und die anderen liefen in der anderen Richtung um den Tisch und riefen: „Osten, Osten, Osten!“

Schließlich war allen so schwindlig, dass sie mit den Köpfen zusammenstießen, was sie sehr ärgerlich machte und das Problem auch nicht löste.

Alexander Jones saß indessen still in einer Ecke und schwieg.

Der Richter fand, die Frage nach Ost und West sei zu bedeutend, um ungelöst zu bleiben. So trommelte er die ganze Stadt zusammen und Alexander Jones war auch dabei.

Die Versammlung wurde im Gemeindehaus abgehalten. Die Bewohner der Stadt waren zwar äußerst interessiert an der Sache, aber über die Antwort waren sie uneins. „Hätten wir nur einen Tisch, um den wir laufen könnten, dann könnten wir euch zeigen, wie das mit Osten ist“, sagten einige.

„Hätten wir nur einen Tisch, um den wir laufen könnten, dann könnten wir euch zeigen, wie das mit Westen ist“, sagten die anderen.

Aber ein Tisch war im ganzen Gemeindehaus nicht aufzutreiben. Der Krämer schlug vor, dass sich der Richter in die Mitte des Raumes setzen solle, sodass die anderen um ihn herumlaufen könnten.

„Auf keinen Fall“, sagte der Richter erschöpft, „da wird mir ja ganz schwindlig. Warum lauft ihr nicht um Alexander Jones herum? Ihn stört es nicht.“

„Geht nicht“, meinte Jean. „Alexander Jones ist zu klein, ihr würdet nur auf ihm herumtrampeln.“

Schließlich erklärte sich der Richter einverstanden, selbst in der Mitte zu sitzen, unter der Bedingung, dass ihm die Augen mit einem Schal verbunden würden.

Als er bereit war, lief die eine Hälfte der Menschen in der einen Richtung um ihn herum und rief: „Westen, Westen, Westen!“, und der Rest lief in der anderen Richtung und rief: „Osten, Osten, Osten!“

Schließlich war allen so schwindlig, dass sie mit den Köpfen zusammenstießen und eine Frau in den Schoß des Richters fiel.

„Schluss jetzt!“, rief der Richter und riss sich den Schal von den Augen. „Wir müssen einen anderen Weg finden. Jemand soll Peter, den Straßenarbeiter, holen. Er ist immer früh auf und arbeitet bis spät, er muss wissen, wie die Sonne sich fortbewegt.“

„Ohne seine Schwester wird Peter nicht kommen“, meinte Jean.

„Dann hol sie eben beide“, sagte der Richter.

Nun war das Gemeindehaus aber schon so voll, dass nicht noch zwei Menschen zusätzlich hineingepasst hätten. Also wurde ich, ein Besucher vom Land, weggeschickt und auch Alexander Jones wurde weggeschickt, obwohl er ja kein Wort gesagt hatte.

Aus diesem Grund habe ich nie herausgefunden, ob nun überall auf der Welt Osten oder Westen ist, worüber ich sehr enttäuscht bin – so wie du sicher auch, nachdem du dir diese Geschichte so geduldig bis hierhin angehört hast.

Aber warum saß Alexander Jones eigentlich immer nur in der Ecke und schwieg, fragst du dich vielleicht. Nun, zu mehr war er einfach nicht in der Lage – als kleine schwarze Katze.

WARUM DER WACHOLDERSTRAUCH BEEREN TRÄGT

EINE NORDAMERIKANISCHE GESCHICHTE

Vor langer Zeit lagen einmal drei Beeren auf einer Wiese. Eine war weiß, eine rot und eine grün.

Der Winter stand vor der Tür und die Tage wurden allmählich kälter und die Beeren fürchteten, dass ein hungriger Bär auf der Suche nach etwas Essbarem des Weges kommen könnte.

„Würden wir doch nur bei dem Wigwam dort drüben liegen", meinte die weiße Beere nervös. „Jemand hat dort eine Schale mit weißem Maisbrei stehen lassen – das wäre das perfekte Versteck vor einem Bären."

„Nicht für mich", meinte die rote Beere. „Ich halte das lange Gras hier in der Wiese für das bessere Versteck vor hungrigen Bären."

Die grüne Beere war wieder anderer Meinung. „Ich würde ja am liebsten zwischen den Nadeln eines hübschen Wacholderstrauchs im Wald hängen", sagte sie.

In diesem Moment fuhr ein Windstoß über die Wiese und wirbelte die drei Beeren hoch in die Luft. Die weiße Beere flog in die Schale mit dem Maisbrei, die rote Beere wurde ins Gras geschleudert und die grüne Beere segelte auf einer kräftigen Windböe in den Wald hinein und landete zwischen den Nadeln eines Wacholderstrauchs.

Als alle drei gerade dachten, was für ein Glück sie doch hatten, hörten sie das Stapfen schwerer Schritte und das Knurren eines hungrigen Bären.

Der Bär lief quer über die Wiese, erspähte sofort die rote Beere im grünen Gras und aß sie auf.

Dann roch er den Maisbrei. „Das riecht aber lecker", murmelte er, schlürfte die ganze Schüssel aus und mit ihr die weiße Beere.

Nur die grüne Beere war verschont geblieben in ihrem Versteck zwischen den Nadeln des Wacholderstrauchs, und als der Bär an ihr vorübergestapft war, beschloss sie zu bleiben.

Und so kam es, dass der hübsche Wacholderstrauch heute Beeren trägt.

EIS UND SCHNEE

NA-HA UND DIE GROSSE KÄLTE

EINE CHILENISCHE GESCHICHTE

EIS UND SCHNEE

Tief im Süden Chiles, in der Nähe von Kap Hoorn, liegt eine Gegend mit vielen kleinen Inseln. Pinguine und Walrosse bewohnen die felsigen Küsten dieser kalten, rauen Welt und tummeln sich im graugrünen Ozean und die Luft ist immerzu erfüllt vom Kreischen der Seevögel.

Vor langer Zeit waren zähe, starke Fischerfamilien auf den Inseln zu Hause. Der Stärkste von allen war ein junger Mann namens Na-Ha. Er hatte Muskeln wie die Äste einer Eiche.

Na-Ha wurde von allen bewundert, weil er nie Angst zeigte und selbst im Angesicht der Gefahr noch lächelte. Eines Tages allerdings wurde sein Mut hart auf die Probe gestellt.

Tief unten im Ozean lebte ein Volk mit haarigen Körpern und großen runden Augen. Diesen Unterwassermenschen gefiel es gar nicht, dass die Inselbewohner Fische fingen, und so warfen sie häufig deren Kanus um und ließen die Fischer im eisigen Wasser ertrinken.

Die Inselbewohner aber konnten nur durchs Fischen ihre Familien ernähren und so blieb ihnen nichts anderes übrig, als ihr Leben zu riskieren.

Eines Tages war Na-Ha allein auf See, als zwei Unterwassermenschen auftauchten und ihn mit Worten anschrien, die er nicht verstand.

Sie packten das Kanu an den Seiten und versuchten, es zum Kentern zu bringen.

Unerschrocken lächelnd stieß Na-Ha die Angreifer mit dem Paddel von sich. Ihre Schreie aber hatten mehr von ihnen alarmiert und bald schon war das Boot umzingelt. Na-Ha schlug sich tapfer, aber es waren doch zu viele. Sie drückten das Kanu hinunter, bis es voller Wasser war und schließlich sank. Na-Ha wurde auf den Meeresgrund gezogen und an einen Felsen gefesselt.

Mit ihren großen runden Augen starrten die Unterwassermenschen Na-Ha an und redeten aufgebracht auf ihn ein, aber Na-Ha blieb ganz ruhig und lächelte. Schließlich verloren sie das Interesse und schwammen davon.

Als sie fort waren, durchtrennte Na-Ha die Seetangfesseln und floh. Neugierig auf die Unterwasserwelt streifte er den Meeresboden entlang, bis er zu einer Höhle kam.

In der Höhle saß eine Frau mit langem Haar, das ihr auf die Schultern fiel, und vielen bunten Fischen, die um sie herumschwammen. Sie winkte Na-Ha zu sich und fragte, warum er in die Unterwasserwelt gekommen sei.

Da erzählte ihr Na-Ha von seiner Gefangennahme und den Überfällen der Unterwassermenschen.

Nachdenklich hörte die Frau zu. „Es gibt nur eine Möglichkeit, dein Volk zu befreien: Du musst die Große Kälte herbeirufen“, sagte sie und überreichte ihm eine uralte, riesige Muschel. „Wenn du in diese Muschel bläst, dann wird die Große Kälte, die unter den sieben Sternen liegt, freigesetzt. Sie wird die Unterwassermenschen vertreiben“, sagte sie. „Aber ich muss dich warnen: Wer die Große Kälte herbeiruft, erleidet sie auch selbst.“

Na-Ha hatte keine Angst. Fest entschlossen, sein Volk zu retten, dankte er der Frau und verließ die Höhle. Draußen wartete schon sein Kanu, um ihn nach Hause zu bringen.

Die Inselbewohner waren überglücklich, Na-Ha wiederzusehen, denn sie hatten geglaubt, er sei unter Wasser umgekommen. Er erzählte ihnen von seinem Abenteuer und zeigte ihnen die Muschel.

„Aber bevor ich die Große Kälte herbeirufe, müsst ihr alle weit nach Norden ziehen, bis ins Land der Sonne“, sagte er, „denn hier würdet ihr im Eiswind erfrieren.“ Und so beluden sie schweren Herzens ihre Kanus und machten sich auf den Weg.

Als die Unterwassermenschen die Inselbewohner davonpaddeln sahen, kamen sie an Land, weil sie dachten, hier nun ein neues Zuhause zu haben.

Na-Ha wartete, bis sein Volk in Sicherheit war, dann blies er fest in die Muschel. Ihr dröhnender Klang hallte über die Inseln hinweg. Sämtliche Tiere und Vögel flohen und eine unheimliche Stille machte sich breit.

Dann stieg die Große Kälte herab. Eine dicke Schneeschicht bedeckte das Land, Eisberge trieben auf die Inseln zu und selbst das Meer gefror.

Die Unterwassermenschen bekamen es mit der Angst zu tun und eilten zum Ufer, doch sie saßen in der Falle. Gefangen zwischen den Felsen kauerten sie sich aneinander, um sich vor dem beißenden Wind zu schützen. Und wie sie so eng zusammenhockten, fingen ihre haarigen Körper an zu schrumpfen und sich zu verwandeln, bis sie allesamt zu Robben geworden waren.

Na-Ha kämpfte schwer ums Überleben, aber irgendwann war die Große Kälte vorüber. Als das Eis geschmolzen war, tauchten die Robben ins Meer und konnten fortan keinen Schaden mehr anrichten. Die Inselbewohner aber kehrten zurück und sahen den starken Na-Ha schon von Weitem winken.

EIS UND SCHNEE

WIND, WOLKEN UND SCHNEE

EINE CHINESISCHE GESCHICHTE

EIS UND SCHNEE

Wind, Wolken und Schnee hatten einmal Streit.

Dunkle Wolken zogen über den Himmel, schoben sich vor die Sonne und veranstalteten donnernd und blitzend ein solches Getöse, dass sich Nord-, Süd-, West- und Ostwind zusammentaten, um sie fortzublasen. Während die Wolken weiterzogen, fiel Schnee auf die Erde.

„Warum fällst du eigentlich auf die Erde, Schnee?", fragten die Wolken. „Niemand will dich dort haben."

„Ich tue das ja nicht für mich", erwiderte der Schnee etwas beleidigt, „sondern für die Menschen."

„Das kann ja jeder sagen", höhnten die Wolken.

„Es stimmt aber", bekräftigte der Schnee. „Sie packen mich in ihre Vorratslager, damit sie im Sommer kühles Trinkwasser haben."

„Und das ist alles?", spotteten die Wolken.

Jetzt wurde der Schnee ärgerlich. „Nein. Wenn ich schmelze, bewässere ich das Land für Bäume, Gras und Blumen. ‚Willst du einen schönen Frühling, sollte dir Freund Schnee im Winter willkommen sein', hat ein großer Kaiser einmal gesagt. Was habt ihr Wolken übrigens an guten Taten vorzuweisen?"

„Wenn du uns auch mal zu Wort kommen lässt, dann erfährst du es", entgegneten die Wolken schnippisch. „Der Bauer bittet uns, ihm Schatten zu spenden, wenn die heiße Sommersonne bei der Feldarbeit auf ihn herunterbrennt."

„Und wenn ich auch einmal etwas sagen darf", unterbrach der Wind, „ohne uns gäbe es überhaupt keinen Regen oder Schnee. Wir Winde heben das Wasser aus dem Meer in den Himmel, wo es zu Wolken wird, und diese Wolken blasen wir in alle Richtungen, damit das Wasser als Regen zurück auf die Erde fallen kann. Weißt du noch, Schnee, auch du hast einmal im Meer gelebt. Ganz weit hoch in die kältesten Himmelshallen haben wir dich gehoben und dort ging es dir sehr gut. Oder hast du das vergessen?"

Das hatte der Schnee tatsächlich und er schämte sich.

„Tut mir leid, dass ich so aufgebracht war", sagte er leise. „Es stimmt schon, wir drei sind aufeinander angewiesen und die Menschen auf der Erde sind wiederum auf uns angewiesen."

Und seit jenem Tag fiel kein zorniges Wort mehr zwischen Wind, Wolken und Schnee.

DER SCHNEEMANN

EINE DÄNISCHE GESCHICHTE

EIS UND SCHNEE

Den ganzen Tag lang stand der Schneemann im Garten, wo ihn ein paar Kinder gebaut hatten, hörte den klingelnden Glöckchen der vorbeizischenden Schlitten zu und verfolgte, wie die Sonne über den Himmel zog.

„Ach, könnte ich mich doch nur fortbewegen", seufzte er. „Dann würde ich wie die Kinder herumrennen und schlittern."

Da hob der alte Hofhund den Kopf. „Die Sonne wird dir bald schon zeigen, wie man läuft", sagte er. „Das war noch bei all deinen Vorgängern so."

„Das verstehe ich nicht", sagte der Schneemann. „Das helle Ding da oben soll mir zeigen, wie man läuft?"

„Das kannst du auch noch nicht verstehen. Du bist ja gerade erst gebaut worden", meinte der Hund. „Warte nur ab, bald schlägt das Wetter um und dann geht es ganz schnell mit dem Laufen." Dann drehte er sich um und kroch zum Schlafen in seine Hundehütte.

„Ich bin zwar noch neu, aber irgendwie habe ich jetzt schon das Gefühl, dass die Sonne nicht meine Freundin ist", dachte der Schneemann.

Am nächsten Morgen war der ganze Garten von funkelndem weißen Frost überzogen. Er glitzerte in der Sonne, als wäre die Erde mit Diamantenstaub bestäubt worden.

„Wie herrlich kalt es heute ist", sagte der Schneemann. „Mein ganzer Körper knackt und kracht."

Der alte Hund dagegen schauderte. „Ich kann mich noch an Zeiten erinnern, wo ich nicht hier draußen liegen musste", sagte er. „Als ich jung war, lebte ich drinnen im Haus. Ich durfte auf dem Samtsessel schlafen und die Kinder spielten mit mir. Als ich größer war, übergab man mich dem Koch und ich wohnte in der Küche. Es gab jede Menge Essen und ich hatte mein eigenes Kissen am Ofen – der schönste Platz überhaupt bei diesem Wetter. Ich träume heute noch von diesem herrlichen Ofen."

„Ist ein Ofen wirklich etwas Schönes?", fragte der Schneemann. „Ist er wie ich?"

„O nein, er ist genau das Gegenteil von dir!", erwiderte der Hund. „Er ist rabenschwarz und hat einen langen Hals. Er frisst Holz und spuckt Feuer. Du kannst ihn von dir aus durchs Fenster sehen."

Der Schneemann sah zum Haus und erkannte den glänzenden schwarzen Ofen durch das Fenster. Der flackernde Schein des Feuers erzeugte ein seltsames Gefühl von Behaglichkeit in ihm.

„Wie konntest du nur einen so herrlichen Platz aufgeben?", fragte der Schneemann.

„Ich musste", sagte der alte Hund. „Ich habe einmal nach dem Jungen geschnappt, weil er meinen Knochen weggeschossen hat, und dann bin ich hier rausgeschickt worden, in die Hundehütte. Ungerecht, oder?"

Aber der Schneemann hörte ihm gar nicht mehr zu. Wie gebannt starrte er auf den Ofen. Etwas ächzte in ihm. „Ich muss in die Küche kommen“, seufzte er.

Den ganzen Tag lang blickte der Schneemann sehnsüchtig auf den Ofen. Immer wenn die Küchentür aufging, flackerte das Feuer hell auf und fachte seine Sehnsucht nur noch weiter an.

Am nächsten Morgen war es eiskalt, was eigentlich jeden Schneemann erfreuen sollte – nicht aber diesen. Zu seiner Bestürzung war das Küchenfenster vollkommen vereist, sodass er den Ofen nicht mehr sah. Richtig elend fühlte sich der Schneemann und sein Schmerz wurde größer und größer.

Der Hund hatte Mitleid mit seinem Freund. „Für einen Schneemann geht es dir ganz schön schlecht“, meinte er. „Aber wenn das Wetter umschlägt, wird deine Traurigkeit schnell verflogen sein.“

Und er hatte recht. Bald schon wurde es wärmer und der Schnee begann zu schmelzen.

Auch der Schneemann schmolz langsam dahin, aber ihm war immer noch so elend, dass er sich nicht beklagte. Sein Körper verflüssigte sich allmählich und versickerte und übrig blieb nichts als ein Besen, den die Kinder in ihn hineingesteckt hatten, damit er nicht umfiel.

„Aber das ist ja der Besen, mit dem die Asche aus dem Ofen gekehrt wird“, rief der Hund. Und da wurde ihm klar, warum sich der unglückliche Schneemann so sehr in die Nähe des Ofens gewünscht hatte.

DAS SCHNEE-MÄDCHEN

EINE RUSSISCHE GESCHICHTE

EIS UND SCHNEE

Am Rand eines Waldes lebten ein alter Holzfäller und seine Frau in einer Blockhütte. Die beiden schufteten hart, sie hackten Holz, das sie in der Stadt verkauften, und suchten im Wald nach Essbarem. Oft waren sie traurig, dass sie nie ein Kind bekommen hatten. Aber ihre Traurigkeit hielt nie lange an und meist waren sie guter Dinge.

Eines Wintertags, als die beiden gerade fertig waren mit Schneeschippen und sich an die Arbeit machen wollten, zeigte der Holzfäller auf den frisch zusammengetragenen Schneehaufen und sagte: „Weißt du noch, Maruschka, als wir jung waren? Damals hätten wir jetzt einen Schneemann gebaut."

Maruschka lächelte. „Lass es uns doch versuchen", sagte sie, denn im Herzen waren sie immer noch jung. Sie formten also eine Figur aus dem Schnee, und als sie fertig waren, hatten sie ein weiß glitzerndes junges Mädchen vor sich.

„Schau doch, Maruschka, wir haben eine Schneetochter bekommen", sagte der Holzfäller entzückt.

Maruschka lächelte, aber als sie die Arbeit wieder aufnahm, wischte sie sich eine Träne von der Wange.

All das hatte Väterchen Frost zwischen den Bäumen hindurch beobachtet und war voller Mitgefühl mit dem alten Paar. Er hob seinen glitzernden Stab …

… und plötzlich hörten die beiden eine Stimme.

„Mutter? Vater?"

Erstaunt drehten sie sich um. Vor ihnen stand ein blasses Mädchen mit goldenem Haar und funkelnden Augen, das einen langen blauen Mantel trug.

„Ja!", riefen sie und klatschten in die Hände. „Wir wollen dir Mutter und Vater sein und dich lieben wie unser eigenes Kind."

Snegurotschka nannten sie ihre Tochter.

Snegurotschka war ein freundliches, liebes Mädchen. Sie liebte es, mit ihren Eltern Zeit im Wald und bei den Tieren zu verbringen; drinnen im Haus dagegen war sie oft ruhig und nachdenklich. Manchmal sah Maruschka sie abwesend in die Ferne blicken.

„Würdest du denn gerne einmal in die Stadt gehen und Menschen in deinem Alter treffen?", fragte sie ihre Tochter, aber Snegurotschka meinte, sie sei ganz zufrieden.

Die Zeit verging. Einmal sah Snegurotschka durch das Fenster zwei junge Menschen aus dem Wald kommen. Sie bewarfen sich lachend mit Schneebällen und neckten sich. Dann umarmten sie sich und gingen Hand in Hand weiter. Neugierig sah Snegurotschka den beiden zu und wurde ein biss-

EIS UND SCHNEE

chen traurig darüber, dass sie selbst nie eine solche Freundschaft gehabt hatte.

Als sie das nächste Mal in den Wald ging, erschien Väterchen Frost vor ihr.

„Ich bin gekommen, um dich zu warnen, Snegurotschka“, sagte er freundlich. „Du darfst in dieser Welt keine Freundschaften eingehen, es würde schlimm enden.“

Snegurotschka dankte Väterchen Frost für die Warnung, doch sie konnte nicht aufhören, an das glückliche Paar zu denken. „Was könnte Schlimmes passieren durch eine solche Freundschaft?“, fragte sie sich.

Am nächsten Tag wurde in der Stadt ein Winterfest gefeiert und Snegurotschka fragte ihre Eltern, ob sie hingehen dürfe. Voller Hoffnung, ihre stille, betrübte Tochter würde Freunde finden, holte Maruschka sogleich den schönen blauen Mantel und bürstete ihr das goldene Haar.

In den Straßen der Stadt herrschte reges Treiben. Fasziniert von all den Eindrücken schlenderte Snegurotschka durch die Menschenmenge. Plötzlich nahm sie den zarten Klang einer Melodie wahr. Sie folgte der Musik und stieß auf einen jungen Hirten namens Lel, der auf einer Flöte spielte. Snegurotschka setzte sich zu ihm und lauschte.

Lel war fasziniert von dem Mädchen, das so verzaubert schien von seiner Musik. Er verliebte sich in sie und die beiden wurden Freunde. In den folgenden Wochen verbrachten sie viel Zeit miteinander.

Als sich der Winter seinem Ende näherte, wurde es allmählich wärmer. Wieder erschien Väterchen Frost mit einer Warnung. „Halte dich fern von den Sonnenstrahlen“, sagte er zu Snegurotschka. „Du kannst nicht bestehen unter ihrem Blick.“

Doch je sonniger es wurde, desto häufiger kam der junge Hirte an ihr Fenster, spielte auf seiner Flöte und rief nach ihr. Snegurotschka dachte an die Warnung und hielt sich an die schattigen Pfade, wenn sie mit Lel durch den Wald spazierte. Aber sosehr sie es genoss, mit ihm zusammen zu sein, ging ihr doch das junge Paar nicht aus dem Kopf, das Händchen gehalten hatte im Schnee, und sie wusste, es fehlte ihr etwas.

Also suchte Snegurotschka Mütterchen

Frühling auf. „Hilf mir zu fühlen, wie andere junge Menschen fühlen“, flehte sie.

Mütterchen Frühling sah die Sehnsucht in Snegurotschkas Augen. „Ich kann dir deinen Wunsch erfüllen“, sagte sie, „doch wenn du deinem Herzen folgst, wirst du sterben.“

Voller Kummer ging Snegurotschka nach Hause. Sie beherzigte auch diese Warnung, mied die Stadt und versteckte sich, wenn Lel ans Fenster kam. Die Tage vergingen und Snegurotschkas Eltern bemerkten, dass sie immer schwächer und blasser wurde.

Eines Morgens kam Lel erneut an Snegurotschkas Fenster und spielte so lieblich auf seiner Flöte, dass sie nicht anders konnte, als zu ihm zu gehen. „Lieber weiß ich, wie es sich anfühlt, was andere fühlen, als dass ich mich weiter verstecke – und wenn es nur für einen kurzen Moment ist“, beschloss sie.

Als sie mit Lel in den Wald ging, sah Väterchen Frost ihnen zu. Die beiden setzten sich unter die Bäume und Lel nahm seine Flöte hervor und spielte für sie.

Zum ersten Mal spürte Snegurotschka, wie sich Wärme und Liebe in ihrem Herzen breitmachten. Tränen des Glücks rollten ihr über die Wangen. Doch die Liebe, die ihr Schneeherz wärmte, begann sie von innen heraus zu schmelzen.

Lel legte die Flöte beiseite und nahm Snegurotschka in den Arm. Einen kurzen Moment lang lächelte sie ihn voller Liebe an, doch dann entglitt sie ihm mit einem letzten Hauch und löste sich auf; nur ein dünner Eisnebel blieb, der hinauf in den Himmel stieg.

Wo sie gerade noch gelegen hatte, sprossen nun Frühlingsblumen auf, aber ein Trost für den Hirten mit dem gebrochenen Herzen war das nicht.

Als der Holzfäller und seine Frau von Snegurotschkas Verschwinden erfuhren, wurden sie tieftraurig. „Wir können uns glücklich schätzen, sie eine Weile bei uns gehabt zu haben“, sagten sich die beiden und die Erinnerung an Snegurotschka blieb ihnen bis ans Ende ihres Lebens.

DER LANGE WINTER

EINE KANADISCHE GESCHICHTE DER DENE

EIS UND SCHNEE

Vor langer, langer Zeit, als es noch keine Menschen gab auf der Welt, schlug plötzlich das Wetter um und über die Erde brach ein beständiger Winter herein. Eine dicke Schneedecke lag über dem gefrorenen Land und vor Sonne, Mond, Sterne und sogar vor die Nordlichter hatten sich Wolken geschoben, sodass es immerzu dunkel war, Tag und Nacht.

Drei Jahre dauerte der schreckliche Winter an. Die Tiere hatten es schwer, Futter zu finden, und viele litten Hunger. Also taten sie sich zusammen und berieten, was zu tun sei.

Jede einzelne Fischart war vertreten und jede einzelne Vogelart, aber ein Tier fehlte.

„Wo bleibt der Bär?", fragte der Fuchs.

„Ich habe ihn nicht gesehen, seit dieser entsetzliche Winter begonnen hat", sagte die Maus. „Vielleicht überwintert er ja in seiner Höhle."

Also begannen sie ohne den Bären. Es wurde wild diskutiert, was wohl mit der Wärme der Welt geschehen war. Jemand musste sie gestohlen haben, schlossen die Tiere schließlich. Nur wo konnte sie versteckt sein?

„Unter Wasser sicher nicht", meinten die Fische, „sonst wären ja die gefrorenen Flüsse getaut."

„Unter der Erde auch nicht", meinten die Maulwürfe, „sonst wäre ja der Schnee geschmolzen."

„Dann muss sie im Himmel sein!", riefen die Vögel.

Alle waren sich einig, dass die gestohlene Wärme nur im Himmel sein konnte, und so zogen sie in kleinen Grüppchen los, um einen Weg nach oben zu finden und die Wärme zurückzuholen. Die einen flogen vorsichtig durch die Dunkelheit, die anderen bewegten sich schlitternd auf Eis und Schnee voran.

Tagelang waren sie auf der Suche, bis der Luchs ein Loch in den Wolken entdeckte. „Schaut, da oben! Da geht es hoch in den Himmel. Folgt mir!", rief er.

Er kletterte auf einen Baum und dann durch das Loch, gefolgt von Fuchs, Wolf und dem Vielfraß, der die beiden Fische, einen Hecht und eine Quappe, trug, und als Letzte trippelte die Maus hinterher.

In der Himmelswelt war es wie auf der Erde an einem warmen Sommertag. Die Tiere blinzelten in das Tageslicht und rekelten sich in der herrlichen Wärme. Und weil auch überall Pflanzen wuchsen, schlugen sie sich erst einmal die Bäuche voll. Dann waren sie bereit für ihre Erkundungstour.

„So", meinte der Luchs, „und jetzt finden wir heraus, wer uns die Wärme gestohlen hat."

An einem See stießen sie auf ein Wigwamlager, wo zwei Bärenjunge in der Sonne spielten. Der Vielfraß sprach sie an.

„Was macht ihr hier, meine Freunde?“, fragte er.

„Das ist unser Zuhause“, erwiderten die beiden. „Wir sind hier auf die Welt gekommen.“

„Und wo ist eure Mutter?“

„Beim Jagen“, sagten die beiden, „sie wird bald zurück sein.“

Er würde im Wigwam auf ihre Mutter warten, sagte der Vielfraß und ging hinein. Dort hingen vier Säcke, allesamt so voll, dass sie fast zu platzen schienen.

„Ich bin neugierig“, sagte er und zeigte auf einen der Säcke. „Was ist da drin?“

„Da bewahrt Mama den Regen auf“, sagten die Bärenjungen.

„Und in dem da?“, fragte der Vielfraß.

„Da ist der Wind drin“, sagten die beiden und purzelten fröhlich übereinander.

„Und in dem?“

„Der Nebel.“

„Und in dem allergrößten dort?“, fragte der Vielfraß. „Schnee oder Eis?“

„Aber nein“, sagte das kleinere der beiden Jungen kichernd, dem das Spiel gut gefiel. „Das ist die Wärme. Den dürfen wir nicht anfassen, sagt Mama.“

Der Vielfraß überließ die Bärenjungen ihrem Spiel und lief zu den anderen Tieren zurück, die vom nahegelegenen Wald aus alles beobachtet hatten. Dann schmiedeten sie einen Plan, wie sie die Wärme zurückholen könnten.

Der Luchs lief ans andere Seeufer und verbarg sich zwischen den Bäumen. In der Zwischenzeit kletterte die Maus in das Kanu, das die Bärin am Seeufer festgebunden hatte. Sie knabberte den Griff des Paddels zur Hälfte durch und eilte zurück in ihr Versteck.

Kurz darauf kam die Bärin nach Hause. Plötzlich erspähte sie den Luchs am anderen Seeufer. „Der würde ein leckeres Mahl abgeben für mich und meine Jungen“, dachte sie, kletterte in ihr Kanu und machte sich auf den Weg ans andere Ufer.

Als sie die Mitte des Sees erreicht hatte, raste der Luchs plötzlich los. Die Bärin lehnte sich schwer auf das Paddel, um das Kanu zu wenden, doch es brach, wo die Maus es angeknabbert hatte, unter ihrem Gewicht auseinander. Sie verlor das Gleichgewicht, das Kanu glitt unter ihr weg und sie landete im Wasser.

Im selben Augenblick rasten alle Tiere auf den Wigwam zu. Der Wolf kam als Erster an und zerrte den Sack mit der Wärme vom Haken. Als er den schweren Sack nicht mehr weiterhieven konnte, war der Fuchs zur Stelle. Und als der Fuchs nicht mehr konnte, übernahm der Luchs. Als Nächstes nahm der Vielfraß den Sack zwischen seine Zähne und schleifte ihn weiter. Auch die Maus war bereit, eine Schicht zu übernehmen, aber da schnappte sich schon der Wolf den Sack, der inzwischen wieder zu Atem gekommen war.

So eilten die Tiere vorwärts und schleppten abwechselnd den Sack – bis sie plötzlich das wütende Knurren der Bärin vernahmen. Sie war ans Ufer geschwommen, hatte den Diebstahl bemerkt und sich an die Verfolgung gemacht.

Vor Schreck ließ der Fuchs den Sack fallen. Schnell schnappte der Luchs danach, doch er hatte keine Kraft mehr. Auch Wolf und Vielfraß versuchten es, aber auch sie waren zu erschöpft. Jetzt waren nur noch die Fische übrig. Der Hecht schnappte sich den Sack mit seinen spitzen kleinen Zähnen und eilte damit in Richtung Himmelsloch. Unterdessen kam das dumpfe Rumpeln der Bärenschritte näher und näher.

Als dem Hecht die Kraft ausging, kam ihm die Quappe zu Hilfe und gemeinsam zerrten sie den Sack an den Rand des Lochs. Mit letzter Kraft schlitterte der Hecht durch das Loch, den Sack mit der daran hängenden Quappe hinter sich herziehend. Dann

quetschten sich auch die anderen Tiere hindurch und so landeten sie allesamt auf einem Haufen auf der Erde.

Als der Sack auf der Erde aufschlug, löste sich das Band. Ein warmer Luftstrahl schoss heraus und verteilte sich in alle Himmelsrichtungen. Schnee und Eis schmolzen im Handumdrehen, die Wolken verzogen sich und es wurde hell. Zum ersten Mal nach drei Jahren kam die Sonne heraus.

Alle Tiere kamen zusammen, um zuzusehen, wie die Erde zu neuem Leben erwachte. Schon bald plätscherte in den Flüssen frisches Wasser, die Pflanzen begannen zu wachsen, das Land wurde grün und es gab reichlich Nahrung für alle.

Niemand hat je wieder versucht, der Erde die Wärme zu stehlen, und auf die dunklen Wintertage folgt nun immerzu der Sonnenschein des Frühlings.

EIS UND SCHNEE

FRAU HOLLE

EINE DEUTSCHE GESCHICHTE

Es war einmal eine Frau, die hatte zwei Töchter.

Die eine, ihre Stieftochter, war fleißig und gutmütig. Die andere, ihre leibliche Tochter, war faul und unfreundlich, aber die Frau mochte sie viel lieber.

Tag für Tag musste die Stieftochter die gesamte Hausarbeit erledigen, und wenn sie fertig war mit Waschen und Putzen, musste sie sich draußen vor die Hütte setzen und Wolle spinnen.

Eines Tages waren die Hände des Mädchens so wund vom Spinnen, dass ein Blutstropfen auf die Spindel fiel. Sie trug die Spindel zum nahegelegenen Brunnen, um sie abzuwaschen, doch zu ihrem Schreck entglitt sie ihr und fiel in den Brunnen.

Weinend lief das Mädchen ins Haus und erzählte, was geschehen war. Die Stiefmutter schimpfte sie aus. „Du hast sie fallen lassen, also musst du sie auch wieder holen", zeterte sie.

Und weil sie nicht wusste, was sie sonst tun sollte, sprang das Mädchen in den Brunnen. Am Grund des Brunnens fand sie sich zu ihrer Überraschung auf einer sonnigen Wiese wieder, neben sich einen Ofen voll frisch gebackenem Brot.

„Hol uns raus, hol uns raus", schrien die Brotlaibe, „sonst verbrennen wir!"

Das Mädchen nahm die Schaufel, die neben dem Ofen lag, und holte damit einen Laib nach dem anderen heraus. Dann ging sie weiter die Wiese entlang.

Sie kam an einen Apfelbaum.

„Schüttel mich! Schüttel mich!", rief der Baum. „Meine Äpfel sind reif!" Also schüttelte das Mädchen alle Äpfel vom Baum und trug sie zu einem Haufen zusammen.

Sie ging weiter und gelangte an eine Hütte, vor der eine alte Frau mit riesigen Zähnen saß. Die Frau winkte sie zu sich, doch das Mädchen hatte Angst.

„Du musst keine Angst haben", sagte die Frau freundlich. „Ich brauche jemanden, der mir im Haus hilft. Wenn du das für mich tust, verspreche ich, dass es dir gut ergehen wird."

Sie sprach mit so sanfter Stimme, dass das Mädchen alle Angst vergaß und einverstanden war, ihr zu helfen.

Die alte Frau freute sich sehr. „Eines darfst du nicht vergessen", sagte sie. „Jeden Tag, wenn du mein Bett machst, musst du die Decke so lange ausschütteln, bis die kleinen weißen Federn herausfliegen – dann schneit es auf der Erde, denn ich bin Frau Holle."

Das Mädchen tat, wie ihm geheißen. Jedes Mal wenn sie Frau Holles Bett machte, schüttelte sie die Decke aus, so fest sie konnte, bis die Federn wie Schneeflocken umherflogen.

Die Frau indes behandelte sie gut und sie bekam jeden Tag gebratenes Fleisch zu essen.

Das Mädchen war glücklich bei Frau Holle und bekam nie ein böses Wort zu hören. Doch obwohl sie bei ihrer Stiefmutter und ihrer Stiefschwester nicht gut behandelt worden war, bekam sie mit der Zeit Heimweh und sie sagte Frau Holle, dass sie gehen müsse.

„Ich bin dir sehr dankbar für deine Hilfe“, sagte Frau Holle, „aber es ist gut, dass du nun zu deiner Familie zurückgehst. Ich werde dich nach Hause bringen.“

Dann führte sie das Mädchen über eine Wiese zu einem offenen Tor. Als das Mädchen hindurchging, rieselte ein Goldregen auf sie nieder und blieb an ihr haften, sodass sie von Kopf bis Fuß glitzerte. „Das ist der Dank für deine harte Arbeit“, sagte Frau Holle und überreichte ihr die Spindel, die in den Brunnen gefallen war. Dann schloss sie das Tor und das Mädchen fand sich zu Hause wieder.

Als er sie sah, krähte der Hahn im Hof aus vollem Halse: „Kikeriki! Unser goldenes Mädchen ist wieder hie!“

Als die Stiefmutter und die Stiefschwester das Mädchen so voller Gold sahen, begrüßten sie sie überschwänglich und fragten begierig, wie sie zu all dem Gold gekommen sei, und das Mädchen erzählte, was geschehen war.

„In dem Fall solltest auch du Frau Holle einen Besuch abstatten“, sagte die Mutter zu ihrer anderen Tochter und schickte sie geradewegs zum Spinnen an den Brunnen.

Aber die andere Tochter hatte keine Lust zu spinnen. Sie stach sich den Finger an einem Dorn, ließ einen Blutstropfen auf die Spindel fallen und warf sie in den Brunnen. Dann sprang sie hinterher.

Wie zuvor ihre Schwester fand auch sie sich auf einer Wiese wieder. Und auch sie hörte die Brote aus dem Ofen rufen.

„Hol uns raus, hol uns raus“, schrien die Laibe, „sonst verbrennen wir!“

„Ich mach mir doch nicht die Hände an der ollen Brotschaufel schmutzig“, schnappte das Mädchen und ging weiter die Wiese entlang.

Dann kam sie an den Apfelbaum.

„Schüttel mich! Schüttel mich!“, rief der Baum. „Meine Äpfel sind reif!“

„Ich bin doch nicht blöd“, fuhr sie den Baum an. „Am Ende fällt mir noch ein Apfel auf den Kopf!“

Sie ging weiter und gelangte schließlich an Frau Holles Hütte. Sie fürchtete sich nicht, als sie die alte Frau mit den riesigen Zähnen vor der Tür sitzen sah. „Ich möchte für Sie arbeiten“, sagte sie. Und Frau Holle bat sie herein.

Am ersten Tag tat sie alles, worum sie gebeten wurde, und schüttelte auch Frau Holles Bett aus, wie sie es ihr aufgetragen hatte.

Am nächsten Tag jedoch erledigte sie nur

EIS UND SCHNEE

noch die halbe Arbeit und malte sich den restlichen Tag lang aus, wie es wohl wäre, reich zu sein.

Am dritten Tag schlief sie bis zum Mittag und machte auch Frau Holles Bett nicht, wie es sich gehörte. „Wie komme ich eigentlich dazu, das schwere Ding auszuschütteln?!", grummelte sie. „Das merkt die alte Frau doch sowieso nicht."

Doch die alte Frau merkte es sehr wohl und bat das faule Mädchen zu gehen.

„Umso besser", dachte das Mädchen, „dann bekomme ich jetzt mein Gold."

Wie zuvor führte Frau Holle auch dieses Mädchen über die Wiese zu dem offenen Tor. Doch als sie hindurchging, rieselte kein Goldregen auf sie nieder. Stattdessen ergoss sich auf sie ein Eimer voll dickem schwarzen Pech, das an ihr haften blieb.

„Das ist der Lohn für deine Untätigkeit", sagte Frau Holle und schloss das Tor.

Das Mädchen fand sich zu Hause wieder, und als der Hahn im Hof sie sah, schrie er: „Kikeriki! Dein schmutziges Mädchen ist wieder hie!"

Als ihre Mutter sie sah, schrie sie vor Entsetzen auf. Und obwohl sie sie schrubbte und schrubbte, blieb das Pech an ihrer faulen, unfreundlichen Tochter haften, solange sie lebte.

Und du weißt jetzt, dass, wann immer es schneit, Frau Holle gerade ihr Bett ausschüttelt.

EIS UND SCHNEE

DER EISMANN

EINE GESCHICHTE DER CHEROKEE

Vor langer Zeit legten die Menschen, die in den Wäldern lebten, hin und wieder Feuer, um Laub und Reisig abzubrennen. So schützten sie ihre Dörfer vor unkontrollierten Bränden und hatten Platz für den Anbau.

Eines Tages fanden die Bewohner eines kleinen Dorfes, es sei wieder einmal Zeit für ein Feuer. Sie holten glühende Kohlen und setzten trockenes Laub und Reisig in Brand, doch die Flammen gerieten schnell außer Kontrolle. Die Funken waren auf die Zweige einer hohen Pappel übergesprungen und jetzt brannte der Baum lichterloh.

Alle kamen heraus und starrten wie gebannt auf den Baum, denn er wuchs ganz in der Nähe des Dorfes und sie hatten Angst um ihre Häuser.

Einer nach dem anderen fielen die verkohlten Zweige zu Boden, bis schließlich auch der Stamm durchgebrannt war und auf den Boden krachte.

„Jetzt wird das Feuer verglühen", dachten die Dorfbewohner erleichtert. Doch das tat es nicht. Es brannte sich in die weitverzweigten Wurzeln der Pappel hinein, die unter ihren Füßen entlangliefen.

Schnell holten sie Wasser aus einer nahen Quelle, aber das Feuer war zu kräftig, als dass sie es hätten löschen können.

Wo zuvor die Pappel gestanden hatte, klaffte nun ein Krater, aus dem die Flammen emporloderten, höher und höher, und immer näher kamen sie ans Dorf heran.

„Was sollen wir nur tun?", riefen die Menschen. „Wenn das Feuer nicht bald ausgeht, brennt es noch die ganze Welt nieder!"

Dann ergriff eine alte Frau das Wort. „Im Norden lebt ein Mann in einem Eishaus", sagte sie. „Bittet ihn um Hilfe. Er wird das Feuer löschen können."

Niemand hatte je vom Eismann gehört, dennoch wählten die Dorfältesten die drei schnellsten Läufer als Boten und schickten sie los, ihn zu suchen.

Die Boten schlüpften in neue Mokassins und machten sich auf den Weg. Tagelang rannten sie nach Norden, bis sie schließlich von Schnee umgeben waren und ein funkelndes Haus aus Eis vor sich sahen.

Sie zogen das Bärenfell beiseite, das vor der Tür hing. Auf dem Boden saß auf einer Matte ein sehr alter Mann, dessen lange weiße Zöpfe ihm über die Schultern hingen. Er winkte sie herein.

Die drei Boten erzählten dem Eismann von der Pappel und dem lodernden Feuerkrater. „Das Feuer kommt auf unser Dorf zu",

berichteten sie, „wir brauchen Hilfe, sonst brennt es noch die ganze Welt nieder."

Nachdenklich hörte der Mann zu. „Ich werde euch helfen", sagte er.

Dann löste er seine langen Zöpfe, umfasste die Haarenden mit einer Hand und schlug sie in die andere Hand.

Sofort verspürten die Boten einen kalten Wind über ihre Wangen fegen.

Noch einmal schlug der Mann sein Haar in die Hand und es begann zu regnen. Beim dritten Schlag wurde der Regen zu Schneeregen und der nasse Boden verwandelte sich in eine Eisfläche. Wind heulte auf und der alte Mann schlug sein Haar ein viertes Mal in seine Hand. Hagelkörner schossen aus seinen Haarspitzen und prasselten ihnen um die Füße.

„Geht jetzt nach Hause", sagte er. „Ich werde morgen bei euch sein."

Die Boten dankten ihm, kehrten in ihr Dorf zurück und berichteten, was sie gesehen und gehört hatten.

Am nächsten Morgen versammelten sich die Leute vom Dorf in der Nähe des brennenden Erdkraters und warteten auf den Eismann.

Kurz darauf vernahmen sie das Tosen eines sich von Norden nähernden Sturms und liefen in ihre Häuser, um Schutz zu suchen.

Als der Sturm das Dorf erreicht hatte, fegte er um das Feuer, doch er ließ die Flammen nur noch höher schlagen. Er hatte dunkle Wolken mit sich gebracht, die den Himmel mit Regen füllten, doch der Regen ließ das Feuer nur noch heißer brennen.

Dann kam der Schneeregen. Er durchnässte die Grube und ließ das Feuer zischen und dampfen. Nach dem Schneeregen prasselte eine Flut von Hagelkörnern nieder, die sich in der Grube auftürmte und die Glut erstickte. Dann rauschte mit ohrenbetäubendem Getöse ein Wirbelsturm nieder, der den Regen noch in die letzte brennende Erdspalte trieb, bis das Feuer endlich erloschen war und der Rauch sich verzogen hatte.

Als der Sturm vorüber war, traten die Menschen aus ihren Häusern. Wo die Grube gewesen war, sahen sie nun einen weiten blauen See vor sich.

Und als sie so staunend am Ufer standen, hörten sie irgendwo ganz tief unter sich immer noch die Glut knistern.

DER KIRCHTURM IM SCHNEE

EINE DEUTSCHE GESCHICHTE

EIS UND SCHNEE

Mitten im Winter machte sich Baron Münchhausen einmal mit seinem Pferd auf zu einer längeren Reise. Der Weg würde ihn über miserable Straßen führen, viele davon nicht mehr als schlammige Pfade, und so hoffte er, sie würden vom Frost gehärtet sein, damit das Pferd besseren Halt hätte. Die Reise verlief reibungslos, bis er in einen kräftigen Schneesturm geriet. Die Flocken wirbelten so unermüdlich und bildeten so dichte Verwehungen, dass das Pferd schließlich nicht mehr weiterkam.

Der Söldner erkannte, dass es unter derartigen Bedingungen kein Weiterkommen gab, also band er sein Pferd an einen Stab, der aus einer Verwehung ragte, wickelte sich in seinen Umhang und legte sich in den Schnee, wo er augenblicklich einschlief.

Als er erwachte, war es Mittag und über ihm strahlte die Sonne aus einem tiefblauen Himmel. Zu seiner Verwunderung fand er sich auf dem grasbewachsenen Kirchhof eines malerischen Örtchens wieder.

„Wie bin ich denn hierhergekommen?“, fragte er sich. „Und wo ist mein Pferd?“

Er sah sich um, doch das Tier war nirgends zu sehen. Dann vernahm er ein vertrautes Wiehern über sich. Er blickte auf und da sah er sein Pferd ganz oben an der Kirchturmspitze vom Wetterhahn baumeln.

Im ersten Moment war der Söldner fassungslos, dann brach er in schallendes Gelächter aus. „Das komplette Dorf muss unter dem Schnee begraben gewesen sein, als ich dich dort angebunden habe“, rief er dem Pferd zu. „Und über Nacht gab es dann wohl einen Wetterumschwung, der Schnee ist getaut und ich bin im Schlaf auf den Boden gesunken.“

Dann holte er seine Pistole hervor und schoss das Halfter des Pferdes entzwei. Das Tier fiel im freien Fall hinab und landete in einem Busch.

Nachdem der Söldner es auf festen Boden verfrachtet hatte, gab er ihm ein wenig Gras zu fressen, stieg auf, immer noch in sich hineinkichernd, und setzte die Reise fort.

VOM REISEN UND SUCHEN

DIE REGENBOGEN-KRÄHE

EINE GESCHICHTE DER LENAPE

VOM REISEN UND SUCHEN

Vor langer, langer Zeit, noch bevor es Menschen gab auf der Welt, war es immerzu warm und die Tiere lebten glücklich.

Eines Tages aber dachte der Schöpfer aller Dinge an Schnee. Eiskalt wurde es und bald lag die Welt unter einer weißen Decke.

„Wir werden erfrieren!“, riefen die Tiere verängstigt. „Wir werden verhungern!“

„Irgendjemand muss den Schöpfer bitten, den Schnee wieder wegzudenken“, sagte die Eule. „Aber wer ist schon so mutig?“

„Ich mache das“, sagte die Regenbogenkrähe.

„Immerhin hast du die lieblichste Stimme von allen Vögeln der Welt“, sagte die Eule. „Vielleicht hört er ja auf dich.“

Und so erhob sich die Regenbogenkrähe in den Himmel. Weit über die dicken Schneewolken hinaus flog sie, hinter Sonne, Mond und Sterne, bis sie an das Haus des Schöpfers kam. Dort trällerte sie ihr lieblichstes Lied.

„Danke für den schönen Gesang, liebe Regenbogenkrähe“, sagte der Schöpfer. „Und was kann ich für dich tun?“

„Kannst du den Schnee wegdenken?“, bat ihn die Regenbogenkrähe. „Den Tieren ist kalt und sie finden kein Futter mehr.“

„Was ich einmal erschaffen habe, kann ich nicht mehr wegdenken“, erwiderte der Schöpfer. „Aber ich kann euch trotzdem helfen.“ Dann dachte er an Feuer. Er nahm einen langen Stock und entflammte ihn an der glühenden Sonne. „Nimm das“, sagte er. „Das schmilzt den Schnee und vertreibt die Kälte.“

Die Regenbogenkrähe bedankte sich und machte sich auf den Rückweg. Der Qualm des brennenden Stocks schwärzte ihre Federn und ruinierte ihre herrliche Stimme, aber sie ließ nicht los.

Als sie die Erde erreichte, fegte sie im Tiefflug über das Land und schmolz den Schnee mit dem Feuer.

Die Tiere tanzten vor Freude, doch die Krähe versteckte sich.

Da kam der Schöpfer zu ihr. „Warum versteckst du dich?“, fragte er.

„Ich habe all meine Farbe verloren“, antwortete sie, „und ich kann nichts mehr singen als *krah, krah*.“

„Sei nicht traurig“, meinte der Schöpfer. „Du hast mit dem Feuer einen besonderen Segen erhalten. Du wirst niemals gejagt werden wegen deines Fleisches und du wirst nie in einem Käfig gehalten werden wegen deines Gesangs. Du bist für immer frei. Und weil du die Tiere der Welt gerettet hast, sollen sich fortan die Regenbögen spiegeln auf deinen schwarzen Federn.“

DIE SCHNEE-STURMHEXE

EINE SIBIRISCHE GESCHICHTE

Im schneereichen Norden, an den Ufern des Arktischen Ozeans, taucht die Sonne im Winter für mehrere Monate ab und es wird niemals richtig hell. In dieser Zeit herrscht die grausame Schneesturmhexe über das Land, mit eisigen Winden und Stürmen.

Dort lebte in einem Yaranga, einem alten, mit Hirschfell überzogenen Zelt, eine Frau mit ihren beiden Kindern.

Eines Winters wurde die Frau krank. Sie bat ihren Sohn Yatto, Holz zu holen. „Pass gut auf, dass das Feuer nicht ausgeht, mein Sohn", ermahnte sie ihn. „Es hält uns die Schneesturmhexe vom Leib. Ist das Feuer erloschen, kommt sie und lässt uns alle erfrieren."

Aber Yatto wollte nicht hinaus. Er zog sich die warme Felldecke über den Kopf und tat, als hätte er seine Mutter gar nicht gehört.

Also bat die Frau ihre Tochter Tayune. „Tayune, bitte hol etwas Feuerholz, sonst erlöschen die Flammen und die Schneesturmhexe kommt."

Aber Tayune flocht gerade ihr langes Haar und wollte nicht gestört werden.

Die Frau war so geschwächt, dass ihr nichts übrig blieb als dem ausgehenden Feuer zuzusehen und angstvoll den sich nähernden wispernden Winden der Schneesturmhexe zu lauschen.

Plötzlich ertönte draußen ein Schrei. Ein Funken aus der verglimmenden Glut war aus dem Yaranga gesprungen und hatte ein Loch in das verschneite Gewand der Schneesturmhexe gebrannt.

In diesem Moment erlosch das Feuer und die Schneesturmhexe schlüpfte herein. Um sie herum gefror die Luft, sodass alles in frostweiße Farbe getaucht war.

Als die Mutter die Arme ausstreckte, um Yatto und Tayune zu schützen, schlug die Schneesturmhexe mit einem Eisstab auf den Boden und die Arme der Frau wurden zu Möwenflügeln.

„Dein Feuer hat mein Gewand verbrannt, also musst du mir ein neues machen", forderte die Hexe.

Hilflos sahen Yatto und Tayune zu, wie sich ihre Mutter in eine Möwe verwandelte. Dann hüllte die Schneesturmhexe sie in eisigen Nebel und nahm sie mit und zurück blieben die Kinder fröstelnd und allein.

„Hätte ich doch nur Holz geholt", schluchzte Yatto.

„Hätte ich doch nur nicht das Feuer ausgehen lassen", sagte Tayune weinend. „Wir haben keine Zeit zu verlieren, wir müssen hinterher und unsere Mutter retten!"

Die Schneesturmhexe brachte die Seemöwe in ihr Eisyaranga. Erneut schlug sie mit

VOM REISEN UND SUCHEN

ihrem Stab auf den Boden und brach den Zauber. Die Federn lösten sich und fielen herab und vor der Hexe stand die Frau.

„Du bleibst bei mir, bis du mir das feinste Gewand genäht hast“, sprach die Schneesturmhexe und überreichte der Frau ein Schneeflockentuch und eine Nadel aus Eis.

Die Frau fädelte den Faden in die Nadel und machte sich an die Arbeit. Ihre Hände wurden taub vor Kälte und doch konnte sie an nichts anderes denken als an ihre Kinder, die sie ohne wärmendes Feuer zurückgelassen hatte.

Yatto und Tayune indes schnallten sich ihre Schneeschuhe an und zogen los. Und während sie noch überlegten, welchen Weg sie einschlagen sollten, stieg die Sonne über den Horizont, auf einem von einem Rentier mit goldenem Geweih gezogenen Schlitten.

„Kannst du uns sagen, wo wir die Schneesturmhexe finden?“, fragte Tayune sie.

„Sie lebt in den Bergen“, erwiderte die Sonne und leuchtete mit ihren Strahlen über die Tundra, um ihnen den Weg zu weisen. „Ihr habt eine lange, gefährliche Reise vor euch.“ Dann gab sie ihnen einen Bogen und drei leuchtende Pfeile. „Die werden euch helfen, wenn ihr in Gefahr seid.“ Dann zog sie weiter über den Horizont und ihr Licht verblasste und ließ sie im Halbdunkel zurück.

Yatto und Tayune eilten über die Tundra in Richtung Berge. Kurz darauf tauchte ein junges Reh vor ihnen auf, das von einem Wolf gejagt wurde. Da schoss Yatto einen der leuchtenden Sonnenpfeile ab und verjagte den Wolf.

Das Reh dankte ihm. „Ich habe meine Mutter verloren“, sagte es.

„Dann bleib bei uns, Kleines“, sagte Tayune, „auch wir haben unsere Mutter verloren.“ Und so zogen sie gemeinsam weiter.

Von ihrem Eisyaranga hoch oben in den Bergen aus sah die Schneesturmhexe die drei näher kommen und schickte einen Bergriesen los, der die Kinder mit seinem Zauberhorn in den Schlaf spielen sollte.

Yatto und Tayune hatten große Angst, als sie den Riesen über die Tundra auf sich zukommen sahen. Der Riese aber war so groß und schwer, dass er, noch bevor er bei ihnen war, müde wurde und sich zur Ruhe legte.

Leise schlich sich Tayune an und stahl das Zauberhorn. Sie blies hinein und es spielte eine Melodie, die den Riesen in einen tiefen Schlaf versetzte, und so zogen sie weiter.

Sie hatten noch einen langen Weg vor

sich, als mit einem Mal die Rehmutter auf sie zusprang. Sie war so glücklich, ihr Kleines wiederzuhaben, dass sie anbot, Yatto und Tayune bis zu den Bergen zu tragen. Kaum waren die beiden auf ihren Rücken geklettert, sprang sie schon los, schneller als der Wind, und das Kleine lief neben ihr. Am Fuß des Berges bedankten sich die Kinder und verabschiedeten sich. Dann begannen sie, den steilen felsigen Pfad emporzusteigen.

Auf dem Gipfel angekommen, erkannten sie das Eisyaranga der Schneesturmhexe und sahen durch die gläsernen Wände hindurch ihre Mutter bibbernd vor Kälte nähen. Sie waren überglücklich, dass sie am Leben war, doch tat sich zwischen ihnen und dem Yaranga eine tiefe Spalte auf.

Mit einem Eissplitter schnitt sich Tayune die langen Zöpfe ab. Rasch band sie sie zu einem Seil mit einer Schlaufe und warf es über die Spalte, sodass sich die Schlaufe um einen Felsen schlang.

Doch die Schneesturmhexe hatte alles beobachtet. Und noch bevor Yatto und Tayune den Abgrund überqueren konnten, schickte sie die Dunkelheit los, ihren Samtmantel um die Kinder zu schlingen und alles Licht von ihnen fernzuhalten.

Yatto sah die Dunkelheit kommen. Rasch schoss er einen weiteren Pfeil in den Himmel. Im Nu erschien das Polarlicht, die Schwester der Sonne, und ließ die Dunkelheit verschwinden.

Jetzt konnten Yatto und Tayune vorsichtig auf den Zöpfen den Abgrund überqueren.

Auf der anderen Seite erwartete sie die Schneesturmhexe. Unter grausamem Gelächter hob sie ihren Stab, doch Yatto war schneller und schoss ihr den dritten Sonnenpfeil direkt ins eisige Herz. Mit einem Schrei schmolz sie zischend und dampfend dahin.

Mit Glückstränen in den Augen kam die Frau auf ihre Kinder zu.

„Wie geschickt du mit dem Bogen geworden bist, Yatto“, sagte sie.

„Ja, Mutter“, erwiderte er, „du kannst dich von jetzt an auf mich verlassen.“

„Und wie traurig, dass dein schönes Haar ab ist, Tayune.“

„Keine Sorge, Mutter, das wächst nach“, sagte Tayune. „Hauptsache, du bist gesund und heil.“

Und so kehrten die drei zurück nach Hause ans Ufer des Arktischen Ozeans und von diesem Tag an loderte immer ein Feuer in ihrem Yaranga und ging nie mehr aus.

DIE ERSTEN IMMERGRÜNEN PFLANZEN

EINE MONGOLISCHE GESCHICHTE

VOM REISEN UND SUCHEN

Vor langer, langer Zeit, als es noch keine immergrünen Pflanzen gab, verloren alle Bäume und Büsche im Herbst ihre Blätter. Im Winter waren ihre Zweige kahl, bis dann im Frühling die frischen Blätter sprossen.

Eines Tages flog eine Schwalbe weiter als je zuvor und landete auf dem Gipfel eines Berges geradewegs in der Mitte der Welt. Dort sah sie eine sprudelnde Quelle, aus der das Wasser über die Felsen rann. „Das muss das Wasser des ewigen Lebens sein“, dachte die Schwalbe, denn als sie jung war, hatte sie einmal von einem solchen Ort gehört.

Weil die Schwalbe mit den Menschen auf der Erde befreundet war, nahm sie ein wenig des kostbaren Wassers mit sich, um es über ihnen zu versprühen und ihnen zu ewigem Leben zu verhelfen, so wie es gewesen war, bevor Krankheiten in der Welt Einzug gehalten hatten.

Sie ließ also vorsichtig ihren Schnabel volllaufen und machte sich auf den Rückweg.

Es war eine lange, mühsame Strecke zurück vom Berg in der Mitte der Welt, aber die Schwalbe gab alles, um durchzuhalten. Doch als es gerade zu dämmern begann, stieß eine Eule einen lauten Schrei aus.

Die kleine Schwalbe erschrak dermaßen, dass sie den Schnabel aufriss und das Wasser des ewigen Lebens vergoss. Sie konnte nur entsetzt zusehen, wie ihr Geschenk auf die Tanne, die Zeder und den roten Heidelbeerstrauch fiel, die unter ihr wuchsen.

Am nächsten Morgen machte sie sich gleich nach Sonnenaufgang auf den Weg zurück zum Berg in der Mitte der Welt, um noch einmal ihren Schnabel zu füllen, doch obwohl sie tagelang suchte, fand sie die Stelle nie wieder.

Und so kam es, dass den Menschen das Geschenk des ewigen Lebens verwehrt blieb. Im Herbst aber erinnern die Tannen, Zedern und roten Heidelbeersträucher an die Schwalbe, die ihnen ganz unerwartet immergrüne Blätter geschenkt hat.

THOR UND DIE EISRIESEN

EINE NORWEGISCHE GESCHICHTE

Der mächtige Donner- und Blitzgott Thor war mit seinem Freund Loki unterwegs ins Eisland Jötunheim. Als es allmählich dunkel wurde, standen sie vor einer eigenartigen Höhle im Wald und beschlossen, die Nacht dort zu verbringen.

Mitten in der Nacht bebte die Erde und es rumpelte so laut, dass die beiden erwachten. Am nächsten Morgen entdeckten sie einen schnarchenden Riesen vor der Höhle, der das nächtliche Getöse verursacht hatte. Der Riese erwachte.

„Wer bist du?", fragte Thor beeindruckt von der Größe des anderen.

„Skrymir ist mein Name", dröhnte der Riese. „Wie ich sehe, habt ihr in meinem Handschuh geschlafen. Lasst uns gemeinsam weiterziehen."

Thor und Loki waren einverstanden, denn sie wollten auf keinen Fall streiten mit einem derart riesigen Zeitgenossen.

Die drei zogen also gemeinsam weiter. In der folgenden Nacht schliefen sie unter den Bäumen und wieder weckte Skrymirs donnerndes Schnarchen Thor und Loki auf.

Thor versuchte, dem Schnarchen ein Ende zu setzen, indem er Skrymir mit dem Hammer auf den Kopf schlug.

„Hmpf! Mir ist wohl ein Blatt auf den Kopf gefallen", murmelte Skrymir, drehte sich um und schlief wieder ein.

Nicht lange und er fing wieder an zu schnarchen, noch lauter diesmal, also schlug Thor ein wenig fester zu.

„Hmpf! Mir ist wohl eine Eichel auf den Kopf gefallen", murmelte Skrymir und schlief wieder ein.

Diesmal schnarchte er sogar noch lauter und Thor schlug so fest zu, wie er nur konnte.

„Hmpf! Mir ist wohl ein Zweig auf den Kopf gefallen", seufzte Skrymir und schlief gähnend wieder ein.

Am nächsten Morgen beschloss der Riese Skrymir, allein weiterzugehen. Er erklärte Thor, was er zu Schloss Utgard wissen musste, dem Eingangstor zu Jötunheim, und machte sich auf den Weg.

Auch Thor und Loki setzten ihre Reise fort und gelangten schließlich an ein gewaltiges Schloss: Utgard, das Heim der Eisriesen. Die Tore waren so gigantisch, dass sie sich zwischen den Stäben hindurchquetschen konnten.

Im großen Saal wurden sie vom König der Eisriesen begrüßt, der gerade eine ganze Reihe von Gästen unterhielt.

„Wenn ihr eine echte Heldentat zur Schau stellt, dürft ihr uns Gesellschaft leisten", sagte er zu Thor.

VOM REISEN UND SUCHEN

Loki trat einen Schritt vor. „Ich kann schneller essen als sonst wer", prahlte er.

„Dann sollst du dich mit Logi messen", bellte der König und zeigte auf einen Riesen.

Loki und Logi bekamen jeder eine riesige Fleischplatte für ihr Wettessen vorgesetzt. Loki war zwar als Erster fertig, doch Logi verschlang seine Fleischration mitsamt den Knochen und der hölzernen Platte.

Da trat Thor einen Schritt vor. „Ich kann mehr trinken als sonst wer", rief er. Ein langes Trinkhorn wurde in den Saal gebracht.

„Wenn du das in einem Schluck austrinkst, wird man dich in ganz Jötunheim feiern", sagte der König.

Thor setzte das Horn an seine Lippen, doch sosehr er es auch versuchte, es wurde nicht leer. „Dann lass mich stattdessen meine Kraft unter Beweis stellen", sagte er.

Eine Katze wurde in den Saal gebracht, was Thor für einen Witz hielt, doch er konnte trotz seiner immensen Stärke nur eine einzige Pfote des Tieres vom Boden heben.

„Dann lass mich dir zeigen, wie ich kämpfen kann", forderte er verärgert.

Da rief der König nach seiner Amme und eine alte kleine Frau erschien.

Thor brach in Gelächter aus. Doch als sie miteinander zu ringen begannen, schaffte er es nicht, die alte Frau zu bezwingen.

„Ich denke, wir haben genug gesehen!", rief der König von Utgard und bot Thor und Loki einen Schlafplatz für die Nacht.

Am nächsten Morgen, als die beiden aufbrechen wollten, fragte der König Thor, wie er seine eigene Leistung bei den Wettkämpfen einschätzte. Thor zögerte, er wollte nicht zugeben, dass er gescheitert war.

Da grinste der König breit. „Nicht alles war gestern, was es zu sein schien, meine Freunde", erklärte er. „Ich bin in Wirklichkeit Skrymir, den du mit dem Hammer auf den Kopf geschlagen hast. Logi war ein loderndes Feuer, nur deshalb aß er schneller als Loki, und dein Trinkhorn wurde aus dem Ozean gespeist und der wird niemals leer."

Mit grimmigem Stirnrunzeln hörte Thor ihm zu. „Die Katze war die Schlange, die sich einmal um die Welt schlingt", sagte er, „und die Amme war das hohe Alter selbst, das uns letztlich alle schlägt."

Die Tricksereien des Riesen machten Thor sehr wütend. Er hob den Hammer, um damit nach Skrymir zu schlagen – doch just in dem Moment war das Schloss mitsamt seinen Insassen verschwunden.

DAS MÄDCHEN UND DIE WINTERSTÜRME

EINE BULGARISCHE GESCHICHTE

VOM REISEN UND SUCHEN

Es war Frühling. Sehnsüchtig erwarteten die Menschen in dem kleinen Bergdorf das Ende des kalten Winterwetters und die ersten Frühlingsblumen, doch irgendetwas stimmte nicht. Tag für Tag schoben sich dunkle Wolken vor die Sonne und es hörte einfach nicht auf zu schneien.

In ihrem Schloss indes grinste die Winterhexe in sich hinein, denn sie hatte einen Bann gegen die Ankunft des Frühlings gesprochen. „Von nun an wird für immer Winter sein“, erklärte sie.

Die Dorfbewohner berieten, was sie unternehmen könnten. Jemand schlug vor, bei Väterchen Frost nachzufragen, wo der Frühling bleibe, doch niemand wollte den gefährlichen Weg zu seinem Palast auf der Spitze des Berges auf sich nehmen.

„Ich würde ja gehen“, sagte ein alter Mann, „aber ich bin zu langsam.“

„Keine Sorge, Großvater, ich gehe!“, erwiderte seine Enkelin. Alle protestierten. „Du bist viel zu jung für eine solche Reise!“

„Ich habe aber keine Angst“, sagte das Mädchen. „Und außerdem bin ich stark und flink wie eine Bergziege.“

„Du hast doch gar nichts Warmes anzuziehen“, sagten die Dorfbewohner. „Du könntest erfrieren.“

Doch ihr Großvater entgegnete, sie habe dafür ein warmes Herz, voller Liebe. „Das wird sie vor der Kälte schützen.“

Die Kinder brachten dem Mädchen einen Umhang, einen Hut, einen Schal und Handschuhe. Dann verabschiedete sie sich und machte sich auf den Weg zu Väterchen Frost.

Während sie sich den verschneiten Pfad entlangkämpfte, wurden die Winterstürme auf sie aufmerksam. „Wer wagt es, unseren Berg zu erklimmen?“, brausten sie auf. „Kommt, wir wollen so wild um sie herumwirbeln, dass sie nicht mehr weiß, wo es langgeht.“

Und sie wirbelten laut pfeifend um das Mädchen. Sie drehten und drehten sich, doch zu ihrem Ärger lief das Mädchen einfach weiter.

„Wie kann es sein, dass ein Mädchen stärker ist als wir?“, keuchten sie und riefen ihre Schwestern, die Schneestürme.

Heulend kamen sie herbei, mit so dichtem Schnee im Gepäck, dass man die Hand nicht mehr vor Augen sah. Aber das Mädchen kämpfte sich weiter vorwärts und ihr starkes, warmes Herz gab ihr Zuversicht.

Schließlich waren auch die Schneestürme am Ende ihrer Kräfte. „Es kann nicht sein, dass uns ein Mädchen besiegt“, fauchten

sie und riefen nach ihrer Mutter, der Winterhexe.

Die Winterhexe war schlau. Sie verwandelte sich in eine junge Frau in einem weißen Kleid und ließ das Mädchen glauben, sie sei seine Mutter.

„Komm, ich sing dir ein Schlaflied", sagte sie freundlich.

Das Mädchen seufzte und sagte: „O ja, Mutter, sing für mich, jetzt, wo ich fast am Gipfel bin." Und sie setzte sich in den Schnee und schloss die Augen.

Die Winterhexe sang das Mädchen in den Schlaf. „Das wird dein letztes Schlaflied sein", feixte sie hämisch und ließ sie liegen im Schnee. Im Schlaf färbten sich die Wangen des Mädchens von rosa zu blau und sie begann zu frieren.

Da steckte ein Mäuschen den Kopf aus dem Schnee und sah das durchgefrorene Mädchen. Schnell rief es die anderen Mäuse, die Hasen und die Eichhörnchen zu Hilfe und sie alle schmiegten sich an sie und wärmten sie mit ihrem Fell, bis ihre Wangen wieder rot waren und sie die Augen öffnete.

Sie dankte den Tieren und erzählte ihnen, wohin sie wollte.

„Wir kommen mit", sagten die Tiere. „Wir sind den endlosen Winter genauso leid."

Niemand öffnete, als sie an Väterchen Frosts Eispalast kamen, also stießen sie die Tür auf und traten ein. Die funkelnde Eingangshalle führte sie zu einem Thronsaal aus Eiskristallen, in dem Väterchen Frost tief schlummerte, bis ihn eines der Eichhörnchen an der Nase kitzelte.

„Was macht ihr hier, meine Freunde?", fragte Väterchen Frost überrascht.

Da erklärte ihm das Mädchen, dass irgendetwas den Frühling fernhielt.

„Die Winterhexe muss den gesamten Palast in Schlaf versetzt haben, um für immer die Herrschaft zu übernehmen", meinte Väterchen Frost. „Ich werde das auf der Stelle in Ordnung bringen." Dann schickte er die Wachen los, die Winterhexe in den Kerker zu stecken und die dunklen Wolken zu vertreiben.

Das Mädchen und die Tiere dankten ihm.

Auf dem Rückweg kam die Sonne heraus und der Schnee begann zu schmelzen. Und als das Mädchen zurück ins Dorf kam, wurde sie von den ersten Frühlingsblumen begrüßt.

DIE KATZE AUF DEM BERG

EINE NORWEGISCHE GESCHICHTE

VOM REISEN UND SUCHEN

Ein Mann und ein großer Eisbär waren einmal zusammen im Dovrefjell-Gebirge unterwegs.

Als es dämmrig wurde, hielt der Mann Ausschau nach einem Schlafplatz für die beiden. Da sah er vor sich Licht im Fenster eines verlassenen Hauses. Er klopfte an und ein Mann namens Halvor begrüßte ihn.

„Hast du vielleicht einen Platz zum Schlafen für mich und meinen Bären?", fragte der Mann.

Halvor runzelte die Stirn. „Nicht heute", sagte er. „Es ist Weihnachten, da wird das Haus bald voller Trolle sein. Die Bergtrolle kommen hier jedes Jahr an Heiligabend zusammen, sodass meine Familie notgedrungen das Haus verlassen muss."

„Kein Problem", meinte der Mann. „Der Bär kann sich unter den Ofen legen und ich schlafe in der Vorratskammer."

Er war so beharrlich, dass Halvor schließlich nachgab. Als Erstes bereitete die Familie alles vor für die Ankunft der Trolle. Ein üppiges Festmahl aus Julebrei, Fisch und Würstchen wurde bereitet, dann eilten alle davon durch den Schnee und ließen den Mann und den Bären allein zurück.

Kurz darauf trafen die Trolle ein. Das ganze Haus war voll, so viele waren es: große und kleine, welche mit Schwanz und welche mit langen Nasen und alle hatten sie große behaarte Hände, mit denen sie gierig nach dem Weihnachtsmahl grapschten.

Plötzlich bemerkte einer der jungen Trolle den Eisbären unter dem Ofen. Er spießte ein Würstchen auf eine Gabel und stupste damit an die Bärennase. „Hey, Miezekatze", kreischte er, „kleines Würstchen gefällig?"

Der Eisbär erhob sich.

Dann knurrte er so inbrünstig, dass er jeden einzelnen Troll aus dem Haus jagte, egal ob klein oder groß.

Im darauffolgenden Jahr war Halvor gerade dabei, Holz für das Weihnachtsmahl der Trolle zu hacken, als er eine Stimme aus dem Wald vernahm: „Halvor, hast du immer noch diese riesige Katze bei dir?"

„Ja", antwortete Halvor. „Sie liegt unter dem Ofen mit ihren sieben wilden Kätzchen."

„Wenn das so ist, kommen wir nie wieder zu dir", rief der Troll. Und tatsächlich sollten die Trolle nie mehr Halvors Haus betreten.

DER HEITERE GLETSCHER

EINE NORDAMERIKANISCHE GESCHICHTE

Am kalten Nordhang eines Berges, weit über den Kiefernwäldern, die sich entlang der Hänge zogen, verlief eine Spalte im Fels, die sich im Winter mit Schnee füllte.

Eines Winters, nachdem viele Jahre lang dichter Schnee in die Spalte gefallen war, entstand dort ein Gletscher. Der Wind hatte so hohe Verwehungen aufgetürmt, dass die schweren Schneemassen den Halt verloren und langsam die Spalte hinabglitten, wobei sich eine Eisschicht unter der Masse bildete.

Die Oberfläche des kleinen Gletschers war mit feinstem Pulverschnee bedeckt, weiter unten war er tiefblau und an seinem vorderen Ende klar wie frisches Quellwasser.

Als es Frühling wurde und es zu tauen begann und das Gestein sich erwärmte, verlor der kleine Gletscher den Halt und begann, sehr langsam den Berg hinabzukriechen.

Als er die Bewegung spürte, knarzte der Gletscher vor Freude. „Ich dachte immer, ich bin nur ein Haufen Schnee und Eis“, sagte er, „dabei bin ich ein echter Gletscher!“

Gegen Ende des Sommers hatte er sich gerade einmal eine Handbreit vorwärtsbewegt, doch damit war er sehr zufrieden. Und als es dann wieder zu schneien begann, umklammerte er den kalten Fels und träumte schon von der nächsten Reise.

Jahr für Jahr wuchs der kleine Gletscher mit jedem Schneefall an und arbeitete sich Stück für Stück vorwärts, bis er schließlich den flachen, steinigen Vorsprung über einer Klippe erreicht hatte.

Zu beiden Seiten sah er die Spuren älterer Gletscher, die über die Berghänge geglitten waren und sie dabei glatt poliert hatten. Da wollte auch er eine solch glänzende Spur hinterlassen.

Nach vielen Wintern und Sommern hatte der kleine Gletscher schließlich den Rand der Klippe erreicht. „Die Reise wird doch nicht vorbei sein hier“, sagte er. „Ich müsste die Klippe doch mit den Steinen abtragen können, die ich auf dem Weg den Berg hinab mit meinem Eisbauch mitgeschleift habe. Und dann kann ich auch weiterkriechen.“

Das Gewicht des Schnees trieb den Gletscher voran, und noch bevor genug Zeit vergangen war, die Klippe abzuschleifen, war er schon über ihren Rand hinweggekrochen. Das vordere Ende des Gletschers brach ab und krachte auf den darunterliegenden Fels.

Der kleine Gletscher aber ließ sich davon

VOM REISEN UND SUCHEN

VOM REISEN UND SUCHEN

nicht entmutigen. „Jetzt kann ich mich sogar noch schneller fortbewegen“, meinte er vergnügt, „und wenn ich die Klippe erst abgeschliffen habe, bin ich auch wieder ganz.“

Im nächsten Winter aber schneite es weniger und die Sonne schien öfter. Weder wuchs noch bewegte sich der kleine Gletscher. Stattdessen wärmte die Sonne den Fels, und das Eis an der Unterseite des Gletschers begann zu schmelzen. Ein dünnes Rinnsal trat aus dem Gletscher und tropfte über die Klippe.

„Na, so geht es natürlich noch schneller!“, sagte er. „Wer hätte gedacht, dass ich so bald zum Ursprung eines Flusses würde!“

Im nächsten Sommer stieß eine Wasseramsel auf den Fluss und verfolgte ihn zurück bis zum Berg. Als sie die Klippe erreichte, flog sie ans Ende des Gletschers und sang ein schönes Lied.

Der Gletscher freute sich sehr darüber. „Früher wollte ich eine Spur auf dem Berg hinterlassen“, erzählte er dem Vogel, „aber jetzt bin ich froh, einen Fluss begründet zu haben, denn er hat dich zu mir gebracht.“

„Alles ist gut, wie es ist“, sang die Wasseramsel, denn das war der Text ihres Liedes.

Und sie blieb bei dem kleinen Gletscher. Im Winter, wenn es fror, suchte sie am Fuß des Berges nach fließendem Wasser, doch im Frühjahr kehrte sie jedes Jahr zurück.

Mit der Zeit schmolz der Gletscher so stark, dass er hohl wurde. Die Wasseramsel schlüpfte gern in seine glitzernden Höhlen und sang dort weiter und ihre Stimme verschmolz mit dem Klirren des Eises.

Von Jahr zu Jahr schmolz der Gletscher mehr und mehr, aber er war nicht unglücklich darüber, denn der Wind brachte Samen von Zwergweiden und leuchtend gelben Butterblumen, die in den Spalten neben ihm Wurzeln schlugen.

„Es gibt doch keinen schöneren Garten auf dieser Bergseite als diesen“, sagte er. „Wie dumm, dass ich davon träumte, eine glänzende Spur in den Stein zu schleifen. Du hast schon recht, mein Freund, alles ist gut, wie es ist.“

Eines Frühlingstags kehrte die Wasseramsel zurück und bemerkte niedergeschlagen, dass kein Wasser mehr über die Klippe tropfte; der Gletscher war fast vollständig verschwunden. Der einzige Trost, den der Vogel seinem Freund noch spenden konnte, war sein Lied: „Alles ist gut, wie es ist.“

„Stimmt“, sagte der Gletscher. „Ich war so stolz, über die Klippe zu plätschern, aber jetzt habe ich das ganze Wasser für meinen Garten.“ Und wo das Eis geschmolzen war, wuchs ein Teppich hübscher Heideblumen.

Eines warmen Sommers schließlich schmolz der kleine Gletscher komplett.

Im darauffolgenden Winter brach ein großer Felsbrocken vom Berg und zerbarst genau dort, wo der Gletscher einst entstanden war, in tausend Teile. Als das Vögelchen zurückkehrte, hörte es zu seiner Verwunderung ein heiteres Plätschern. Eine Quelle sprudelte unter den Felsbrocken hervor.

„Alles ist gut, wie es ist“, sang die Wasseramsel fröhlich.

„Ja“, erwiderte die Quelle. „Als Gletscher hätte ich niemals für immer bestehen können – aber jetzt bin ich eine Quelle. Das Schmelzwasser und der Schutz der Felsen werden mich am Leben erhalten und vor dem Austrocknen bewahren.“

Und so kann es gut sein, dass du im Sommer in den Bergen die Wasseramsel und die sprudelnde Quelle zusammen singen hörst: „Alles ist gut, wie es ist.“

BABUSCHKA

EINE RUSSISCHE GESCHICHTE

VOM REISEN UND SUCHEN

In einem Dorf lebte einmal eine alte Frau, die alle Babuschka nannten, was Großmutter bedeutet. Babuschka war stets beschäftigt. Sie arbeitete hart, putzte und wischte Staub, um ihr Haus sauber zu halten, backte und kochte, um die Vorratskammer zu füllen, goss und rupfte Unkraut, um einen schönen Garten zu haben.

Eines Winterabends klopfte ein Nachbar an ihre Tür. „Komm schnell raus!", rief er aufgebracht. „Ein heller neuer Stern leuchtet am Himmel!"

Aber Babuschka, die gerade putzte, seufzte nur: „Ich habe keine Zeit, mir die Sterne anzusehen."

Am nächsten Morgen, als sie gerade den Küchenboden wischte, klopfte es erneut. „Keine Zeit!", rief sie nur. Doch vor der Tür stand nicht ihr Nachbar, sondern drei ältere Männer mit langen Bärten, die prachtvoll bestickte Gewänder und funkelnde Kronen trugen. Babuschka wischte sich die Hände an der Schürze ab und verbeugte sich sprachlos, so überwältigt war sie.

„Wir haben eine lange Reise hinter uns und sind erschöpft", sagte einer der drei Könige. „Könnten wir uns vielleicht hier ausruhen bis zum Abend?"

Babuschka bat die drei Könige ins Haus. Sie machte es ihnen bequem, dann ging sie eine Mahlzeit zubereiten. Beim Tischdecken fragte sie ihre Gäste, warum sie eine so lange Reise auf sich nähmen.

„Wir haben Geschenke aus Gold, Weihrauch und Myrrhe dabei, für ein Kind, das bald geboren wird", erklärte einer der Könige.

„Das muss aber ein besonderes Kind sein", meinte Babuschka.

Die Könige lächelten. „O ja, sehr besonders", sagten sie. „Es kommt auf die Welt, um die Menschen einander lieben zu lehren."

„Und wo wird es geboren werden?", fragte Babuschka.

„Das wissen wir auch nicht", sagten die Könige. „Wir folgen einem hellen neuen Stern und hoffen, er wird uns zu ihm führen. Komm doch mit, Babuschka, du könntest ihm auch ein Geschenk bringen."

„Oh, für ein so spezielles Kind habe ich leider kein Geschenk", erwiderte Babuschka schüchtern und ging in die Küche, um das Essen zu holen.

Nach dem Essen ruhten sich die Könige aus. Als es zu dämmern begann und der erste Stern am Abendhimmel funkelte, packten sie ihre Geschenke ein und machten sich bereit.

„Bist du sicher, dass du nicht mitwillst?", fragten sie.

„O ja, ich könnte auf keinen Fall weg jetzt", antwortete Babuschka, „mit der Küche in diesem Zustand und der ganzen Hausarbeit, die auf mich wartet, und ein Geschenk

VOM REISEN UND SUCHEN

habe ich auch nicht. Vielleicht komme ich morgen nach."

Die Könige wirkten enttäuscht, bedankten sich aber und machten sich auf den Weg.

Als Babuschka den im Mondlicht golden schimmernden Kronen nachsah, bemerkte sie den hellen neuen Stern am Himmel, der die drei leitete. „Ein wirklich sehr besonderes Kind muss das sein", murmelte sie.

An jenem Abend schuftete Babuschka, bis alles wieder aufgeräumt war. Während sie putzte und fegte und wischte, fiel ihr das kleine Schränkchen ins Auge, in dem sie die Spielsachen ihrer Kinder aufbewahrte.

„Ein Kind, das auf die Welt kommt, um die Menschen einander lieben zu lehren", murmelte sie nachdenklich. „Einem solchen Kind würde ich doch gerne etwas schenken." Dann nahm sie die Spielsachen aus dem Schränkchen, besserte sie aus und putzte sie und legte sie in einen Korb.

Am nächsten Abend trat Babuschka aus dem Haus, um dem hellen neuen Stern zu folgen, doch er war nicht mehr da. Sie lief durchs ganze Dorf und fragte alle, ob sie nicht die drei Könige hätten vorbeigehen sehen. „O doch", hieß es dann, „da entlang sind sie gegangen."

Mit ihrem einfachen Geschenkkörbchen im Arm folgte Babuschka der Spur der Könige, durch Dörfer und Städte und selbst durch einen Palast, doch das Neugeborene hatte niemand gesehen.

Schließlich gelangte sie an ein Gasthaus.

„Ja, hier waren drei Könige, die nach einem Neugeborenen suchten", berichtete der Wirt. „Ich hatte kein Zimmer frei, deshalb kam das Baby im Stall zur Welt."

Dann bat er einen Hirtenjungen, sie zum Stall zu führen. Von einem Neugeborenen war dort keine Spur, dafür fand sie im Stroh den goldenen Faden eines der königlichen Umhänge.

„Hast du denn das Kind gesehen?", fragte sie den Hirtenjungen.

„Ja, ein Engel hat mich hergeführt."

Da wusste die alte Babuschka, dass das Kind wirklich sehr besonders sein musste. Babuschka kehrte nie mehr zurück in ihr Haus; bis heute ist sie auf der Suche nach dem Kind – und wo immer sie vorbeikommt, lässt sie in der Nacht, in der es geboren wurde, Geschenke da für die Kinder.

ZAUBEREI UND GEISTERHAFTES

DIE ERSTEN SCHNEE-GLÖCKCHEN

EINE NORDAMERIKANISCHE GESCHICHTE

Der alte Winter saß allein in seinem trostlosen Haus und dachte stolz an seine Heldentaten.

„Niemand sonst auf der Welt hat Derartiges geleistet", sagte er zufrieden zu sich selbst.

Ein plötzliches Geräusch vor der Tür unterbrach seine Gedanken.

„Wer wagt es, mich zu stören?", grummelte der alte Winter. „Hört sich an wie ein Gurgeln, dabei habe ich dem Wasser doch befohlen, still zu sein in seinen Betten."

Dann vernahm er ein weiteres Geräusch. „Hört sich an wie Vogelgesang, dabei habe ich die Vögel doch weit nach Süden geschickt!"

Da flog die Tür auf und ein junger Mann mit funkelnden Augen und rosigen Wangen trat ein.

„Hat dich jemand hereingebeten?", fragte der alte Winter grimmig.

Der junge Mann lächelte. „Ich bin wohl einfach so gekommen. Normalerweise freuen sich die Leute, wenn sie mich sehen."

„Ich nicht!", fuhr ihn der alte Mann an. „Was willst du?"

„Ich habe viele Geschichten von deinen großen Taten gehört", sagte der Besucher. „Jetzt wollte ich sehen, ob etwas dran ist."

„Meine Taten passen in keine Geschichte, so groß sind sie", entgegnete der alte Winter. „Was ich alles Großartiges vollbracht habe, das kann überhaupt niemand mehr aufzählen."

Die Augen des jungen Mannes blitzten fröhlich auf. „Lass uns sehen, wer die tollste Geschichte über sich erzählen kann", schlug er vor.

„Ich kann einen Fluss anhauchen und ihn zu Eis gefrieren lassen", sagte der alte Winter.

„Und ich kann das Eis anhauchen und es in einen Fluss verwandeln", sagte der junge Mann.

„Ich kann mein Haar schütteln und Schnee bedeckt die Erde", sagte der alte Winter.

„Und ich kann mein Haar schütteln und die Luft funkelt in der Sonne und lässt den Schnee schmelzen", sagte der junge Mann.

Der alte Winter runzelte die Stirn. „Ich verbiete den Vögeln zu singen und schicke sie fort und sie fliegen sofort los."

Der junge Mann lachte. „Ich bitte die Vögel zurückzukommen und dann singen sie mir ihr schönstes Lied."

Dem alten Winter gefiel es gar nicht, wenn jemand genauso stark war wie er.

„Wenn ich die Bäume mit meinen Eisfingern schüttle und sie anhauche, dann zittern sie und werfen alle Blätter ab", prahlte er.

„Komisch, ich habe noch nie Blätter am Boden gesehen“, erwiderte der junge Mann. „Wenn ich auftauche, sind die Bäume in helles Grün gehüllt und zittern vor Freude.“

„Hmpf!“, stieß der alte Winter verärgert hervor.

Die ganze Nacht lang tauschten der alte Winter und sein junger Gast Geschichten aus. Am Morgen fühlte sich der alte Mann ganz schwach, doch sein Besucher war fröhlich und quicklebendig. Er sah zur offenen Tür hinaus. Draußen funkelte die Sonne, an den Bäumen hingen hellgrüne Blätter und auf ihren Ästen saßen Vögel und trällerten ihre Lieder.

„Willkommen zurück, du schöner Frühling“, sangen sie. „Wie schön, dich zu sehen.“

„Ja, lasst uns singen, liebe Freunde!“, rief der Frühling glücklich. Als er sich umdrehte, war der alte Mann verschwunden. Nur ein paar Schneeflocken lagen noch da.

Dann sah der Frühling genauer hin. Und siehe da, es waren gar keine Schneeflocken, sondern ein Grüppchen Schneeglöckchen, deren weiße Knospen sich an die Blätter schmiegten.

„Von jetzt an sollen das immer die ersten Blumen im Jahr sein“, sagte der Frühling fröhlich. Und tatsächlich sind Schneeglöckchen die einzigen Blumen, die noch an den alten Winter erinnern.

DIE BLAUE MÜTZE

EINE SCHOTTISCHE GESCHICHTE

Eines Wintertags, als die See zu rau war, um fischen zu gehen, beschloss Iain MacRae, ein paar Reparaturen an seinem Boot vorzunehmen.

Er ging in den Wald, um etwas Holz zu holen, doch dann kam plötzlich dichter Nebel über den Hügel gerollt und er verirrte sich.

Als sich der Nebel endlich gelichtet hatte, fand sich Iain in einer Gegend wieder, die er nicht kannte. Stundenlang strich er durch die Heide, bis er schließlich erleichtert an eine kleine grasbedeckte Steinhütte kam.

Iain klopfte an. Die Tür öffnete sich einen Spalt weit und eine alte Frau sah heraus. „Ob Sie einem erschöpften Fremden wohl Unterschlupf gewähren?“, fragte er.

„Hier ist ja weit und breit nichts anderes“, grummelte die Frau, „was bleibt mir also übrig? Sie können am Feuer schlafen.“

In der Hütte saßen zwei weitere alte Frauen; keine von ihnen sprach ein Wort.

Iain legte sich ans Feuer, doch er tat nur so, als würde er schlafen, denn die Atmosphäre war so merkwürdig, dass er es für besser hielt, wach zu bleiben.

Als die Frauen dachten, er würde schlafen, ging eine von ihnen zu einer großen Holztruhe auf der anderen Seite des Raumes. Iain beobachtete, wie sie den schweren Deckel anhob, eine blaue Mütze herausnahm und sie sich feierlich auf den Kopf setzte. „Carlisle!“, rief sie dann und verschwand zu seiner Überraschung.

Dann taten es ihr die anderen Frauen gleich und Iain erkannte, dass er bei Hexen gelandet war.

Als alle drei verschwunden waren, sprang er auf, durchstöberte die Truhe – und stieß auf eine weitere blaue Mütze. Und weil er unbedingt wissen wollte, wohin die drei verschwunden waren, setzte er sie auf und rief: „Carlisle!“

Augenblicklich wirbelte er in rasender Geschwindigkeit durch die Luft.

Die Reise dauerte nur kurz, dann landete er mit einem Rums in der weiträumigen Vorratskammer eines Herrenhauses, in der die Hexen gerade ein fröhliches Festmahl abhielten.

Als sie ihn sahen, ließen sie vor Schreck ihr Essen fallen. „Zurück nach Kintail!“, riefen sie und verschwanden.

Iain indes bestaunte all das köstlich aussehende Essen, und weil er den ganzen Tag noch nichts zu sich genommen hatte, schlug er sich erst einmal den Bauch voll. Dann war er so satt, dass er einschlief.

Am nächsten Morgen fand ihn ein Diener und brachte ihn zum Hausherrn.

„Da ist er ja, der Dieb, der mir die ganze Zeit schon mein Essen stiehlt“, sagte der

Hausherr verärgert. „Dir wird der Appetit schon vergehen!“ Dann befahl er, Iain an einen Pflock im Ort zu binden, wo ihn die Leute zur Strafe mit verfaultem Essen bewerfen könnten.

In einem Karren wurde Iain in den Ort gefahren.

„Lasst mich bei der Kälte wenigstens meine Mütze aufsetzen“, sagte er, während er an den Pflock gebunden wurde.

Also nahm einer der Männer die Mütze aus Iains Tasche und setzte sie ihm auf.

„Zurück nach Kintail!“, rief Iain laut und verschwand vor ihren Augen.

Als er wieder zu sich kam, war er zwar zurück auf dem Hügel, aber er war auch immer noch angebunden. Die Mütze war nirgends zu sehen. In dem Moment kam ein Reisender des Wegs.

„Würden Sie mich wohl freundlicherweise losbinden?“, fragte Iain.

Der Reisende löste die Seile. „Wozu soll dieser Pflock denn gut sein?“, fragte er.

Iain dachte kurz nach und lächelte dann. „Den brauche ich, um mein Boot zu reparieren“, sagte er, zog den Pflock aus dem Boden und machte sich fröhlich pfeifend damit auf den Heimweg.

DIE TOCHTER DES EISKÖNIGS

EINE ENGLISCHE GESCHICHTE

ZAUBEREI UND GEISTERHAFTES

Hoch oben im eisigen Norden lebte der Eiskönig in einem Palast aus glitzernd blauem Kristall mit spiegelnden Böden aus meeresgrünem Eis. Dort thronte er unter einem juwelenbesetzten Dach, das den Palast in die Farben der Polarlichter tauchte.

Weil der Eiskönig immerzu Angst hatte, dass sein Erzfeind, der alte König des Südens, in sein Königreich eindringen könnte, ließ er es durch ein Heer aus Eisbären und Walrossen, Robben und Polarfüchsen bewachen. Ein Wink mit dem königlichen Zepter und er hatte eine turmhohe Eiswand um den Palast gezogen oder eine Flotte Eisberge losgesandt, die jedes sich nähernde Schiff zum Kentern brachte. So hielt er sich die Fremden vom Leib, Freund oder Feind.

Für die Tochter des Eiskönigs jedoch, deren Mutter gestorben war, als sie noch klein war, war der Palast ein einsamer Ort.

Die Prinzessin konnte sich kaum noch an ihre Mutter erinnern, aber manchmal träumte sie von grünen Hügeln und einem riesigen blauen Ozean, die ihr die Königin in Geschichten über den warmen Süden ausgemalt hatte, wo sie geboren worden war.

Eines Tages bat die Prinzessin ihren Vater, ans Ende des Königreichs reisen zu dürfen, um das Meer zu sehen. „Ich habe genug von all dem trostlosen weißen Eis und Schnee“, sagte sie. „Lass mich nur eine Weile den weiten blauen Ozean betrachten und ich werde zufrieden sein.“

Der Eiskönig sah seine Tochter an.

„Nun gut“, sagte er. „Du darfst gehen. Aber wenn du das Meer gesehen hast, kommst du unverzüglich zurück, denn du bist alles, was mir geblieben ist. Die Bärin Ursula soll dich begleiten. Sie hat am Meer gelebt und kennt seine Gefahren. Ich bin sicher, sie wird dich heil nach Hause bringen.“

Die Prinzessin dankte ihrem Vater. „Ich werde mich an alles halten“, versprach sie.

Dann schickte der Eiskönig zwei flinke Füchse los, eine Spur ins Eis zu ziehen für den Schlitten der Prinzessin, der von vierundzwanzig Rentieren mit silbernen Hörnern gezogen würde.

Als sie bereit war, gab er ihr elf weiße Schneehühner mit. „Es wird zehn Tage dauern, bis du das Meer erreichst“, sagte er. „Lass jeden Morgen einen Vogel fliegen und zum Palast zurückkehren, dann werde ich wissen, dass es dir gut geht. Das Tier mit dem goldenen Halsband behältst du, bis du bereit bist für die Rückkehr. Dann weiß ich dich bald wieder an meiner Seite.“

Dann überreichte er ihr eine rubinrote Brosche, die ihrer Mutter gehört hatte.

„Möge dich die Brosche beschützen, wenn du außerhalb meiner Sichtweite bist", sagte er.

Mit schwerem Herzen gab der Eiskönig seiner Tochter einen Kuss und die Prinzessin machte sich auf den Weg.

Zehn Tage lang zogen die Rentiere den Schlitten übers Eis, über Pässe und weitläufige Ebenen. Nachts schlief die Prinzessin neben ihrer treuen Wächterin Ursula in einem Zelt aus Wolfsfell und jeden Morgen ließ sie ein Schneehuhn fliegen, damit der König sie in Sicherheit wusste.

Am zehnten Tag brachten die Rentiere den Schlitten am Rand einer Eisklippe zum Stehen. Vor ihnen erstreckte sich der weite blaue Ozean.

Von Freude erfüllt blickte die Prinzessin, die nie etwas anderes als Eis und Schnee gesehen hatte, auf die Bewegung des Meeres und seine vielen Farben. Die Luft über ihr war vom Kreischen Tausender Seevögel erfüllt. So vertieft war sie, dass sie ganz ihr Versprechen vergaß, sofort zurückzukehren.

Wie im Traum verweilte die Prinzessin viele Tage lang am Ufer des Ozeans. Vergeblich versuchte Ursula, sie zur Rückkehr zu bewegen.

Eines Nachts wurden sie von einem kräftigen Sturm überrascht und die Prinzessin spürte das Eis unter sich beben. Am nächsten Morgen hörte sie Ursula draußen knurren: Ein großer Eisberg mit ihrem Zelt darauf hatte sich vom Festland gelöst, Rentiere und Schlitten an der Küste zurückgelassen und trieb nun in Richtung offenes Meer.

„Was geschieht jetzt mit uns?", rief die Prinzessin erschrocken.

„Wenn wir nicht das Pech haben, mit einem anderen Eisberg zusammenzustoßen, treiben wir wohl nach Süden", sagte Ursula. „Dann wird das Wasser wärmer und der Berg wird allmählich schmelzen. Wir können nur hoffen, zuvor auf Festland zu stoßen."

Viele Tage lang trieben sie dahin. Sie hatten Glück und der Wind blies sie jedes Mal fort, wenn sie in die Nähe eines anderen Eisbergs kamen. „Die Brosche scheint dich zu beschützen", sagte Ursula.

„Soll ich das letzte Schneehuhn fliegen lassen?", fragte die Prinzessin.

„Wenn die Rentiere mit dem Schlitten zurückkehren, wird der König wissen, was geschehen ist", antwortete Ursula. „Behalte den Vogel noch bei dir. Sobald du weißt, wie du nach Hause kommst, kann er dem König eine Nachricht überbringen."

Tag für Tag trieben sie weiter nach Süden und das wärmere Wasser ließ den Eisberg zusehends schrumpfen. Eines Morgens wachten sie von einer plötzlichen Erschütterung auf. Der Eisberg war an einem Sandstrand zum Stehen gekommen.

Die Prinzessin trat ans Ufer und staunte über die grüne Welt vor ihren Augen. Voller Neugierde betrat sie zusammen mit Ursula den Wald und betrachtete all die Bäume, Gräser und Wildblumen, die ihr ihre Mutter vor so langer Zeit beschrieben hatte.

Plötzlich kam ein junger Mann auf einem Pferd zwischen den Bäumen hervor. Bei Ursulas Anblick wieherte das Pferd ängstlich, aber der Reiter beruhigte es und stieg ab. Er verbeugte sich vor der Prinzessin. Sie verstand zwar seine Worte nicht, aber sie nahm die Freundlichkeit in seiner Stimme wahr.

Hinter ihm kam eine Dame in feiner Kleidung, umringt von Reitern.

„Sie versteht unsere Sprache nicht, Mutter", sagte der junge Mann zu ihr. „Vermutlich ist sie eine Prinzessin aus der Fremde, die Schiffbruch erlitten hat."

Die Dame sah freundlich aus. Sie betrachtete den weißen Pelzumhang der Prinzessin und die Bärin an ihrer Seite.

„Wie ich sehe, seid Ihr aus dem Norden", sagte sie in der Sprache der Prinzessin. „Als ich jung war, habe ich Eure Sprache ein wenig gelernt."

Dann erklärte sie, dass ihr Sohn nun König des Landes sei, nachdem sein Vater, der alte König des Südens, verstorben sei. Sie lud die Prinzessin in ihren Sommerpalast ein und hörte sich ihre Geschichte an.

Als der junge König erfuhr, was ihr zugestoßen war, ließ er ein Schiff bereitstellen, das sie und die Bärin nach Hause bringen sollte. Die Prinzessin war ihm sehr dankbar. Sie ließ das letzte Schneehuhn mit dem goldenen Halsband frei. „Sag meinem Vater, dass ich bald schon bei ihm sein werde", rief sie voller Freude.

Das Herz des Eiskönigs war jedoch gebrochen, als der Schlitten ohne die Prinzessin zurückgekehrt war. Der alte König des Südens hatte sie entführt, das stand für ihn fest. Zornentbrannt errichtete er turmhohe Eiswände um sein Königreich und stellte eine Flotte riesiger Eisberge bereit, die die feindlichen Schiffe zerstören sollten, sollten sie es wagen zurückzukehren.

Und so schaffte es das erschöpfte Schneehuhn nicht, die Eiswand zu überwinden, um dem König die Botschaft zu überbringen.

Und Tage später gelang es dem Schiff mit der Prinzessin an Bord nicht, die Eisbergflotte zu umfahren, und so kehrte sie schließlich in den Süden zum jungen König zurück.

Mit der Zeit verging ihre Trauer. Sie fand Liebe und Glück in der Gesellschaft des jungen Königs. Im darauffolgenden Jahr heirateten die beiden und sie wurde Königin des Südens, zur großen Freude im ganzen Land. Und als die beiden dann auch noch eine Tochter bekamen, war ihr Glück vollkommen.

Nur die alte Ursula bemerkte eine Träne in den Augen der Königin, als sie der kleinen Prinzessin Geschichten über den Eiskönig in seinem funkelnden Kristallpalast und über die über einem weit entfernten Eisland schimmernden Polarlichter erzählte.

DER ZAUBERBALL

EINE ARGENTINISCHE GESCHICHTE

ZAUBEREI UND GEISTERHAFTES

Verborgen in einer dunklen Höhle verschlief die böse Hexe der Cordillera den ganzen Sommer. Wenn aber der Wind kälter wurde und Schnee auf die Täler fiel, dann erwachte sie – denn der Winter war ihre Jagdzeit und nach dem langen Schlaf war sie hungrig.

Die Menschen im Tal hatten Angst vor ihr. Gerüchte gingen um, ihre Haut sei so dick, dass kein Pfeil durch sie hindurchginge. Manche sagten, sie könne Menschen mit Zauberkräften in ihre Höhle lotsen, aber wer einmal verschwand, kam nie zurück, um zu berichten, was dort geschehen war.

Eines Wintertags bemerkten zwei Kinder beim Spielen am Ufer des Sees einen hell schimmernden Ball im Gras.

„Schau doch, wie schön!", sagte Natalia zu ihrem Bruder Luis und lief los, den Ball zu holen. Doch als sie die Hand nach ihm ausstreckte, rollte der schimmernde Ball davon. Vor Freude juchzend sprang Natalia ihm nach und Luis folgte ihr.

Der Ball führte die beiden fort vom See und hinein in die Hügel, er kullerte zwischen Bäumen und Felsen hindurch, hielt hin und wieder an, um sie zu locken, und rollte weiter, ohne dass sie ihn zu fassen bekamen.

Die Kinder waren so entzückt über den Zauberball, dass sie gar nicht auf den Weg achteten. Sie bemerkten weder die dunklen Berge, die sich um sie herum auftürmten, noch dass der Himmel grau geworden war und es zu schneien begann.

„Wir haben uns verlaufen!", rief Luis, als er sich umsah. Doch Natalia konnte einfach nicht aufhören, dem Ball zu folgen, und so liefen sie immer weiter.

Schließlich blieb er zwischen den Felsen liegen. Staunend betrachtete Natalia seine schimmernde Schönheit, aber als sie ihn aufheben wollte, verpuffte er wie eine Seifenblase.

Tränen liefen Natalia über die kalten Wangen.

Luis tröstete sie; er hatte eine windgeschützte Höhle erspäht. „Dort kannst du dich ausruhen", sagte er. „Ich halte hier draußen Wache."

Natalia rollte sich zwischen den moosigen Felsen zusammen und schlief ein. Eine Weile hielt Luis Wache vor der Höhle, dann fielen auch ihm die Augen zu.

Natalia träumte, ihre Mutter würde ihr das Haar bürsten. Erst war sie ganz sanft, aber plötzlich zog sie fest daran und Natalia wachte schreiend auf.

Vor ihr stand die furchterregende Berghexe mit gierigem Blick. Natalia wollte fliehen, doch die Hexe hatte ihr langes Haar in den Fels wachsen lassen und sie kam nicht vom Fleck. Sie rief nach Luis.

Als Luis erwachte, sah er die böse Hexe. Er sprang auf, um Natalia zu Hilfe zu eilen, doch die Höhle war nun von einer unsichtbaren Wand umgeben. Die Hexe kreischte vor Vergnügen, als sie Luis die Fäuste in die Luft recken sah.

Dann kam eine weiße Eule zu ihr geflogen und sprach sanft:

„Vor Licht und roter Fackelflamme
bewahr uns Dunkles allesamme.“

In diesem Augenblick erschien der helle Mond am Himmel.

Mit einem Donnerschlag verschmolz die Hexe mit dem Stein und die Eule flog in die Nacht.

Verzweifelt versuchte Luis, die unsichtbare Wand mit einem Stein zu zertrümmern, doch der Bann war nicht zu brechen.

„Denk an die Worte der Eule“, sagte Natalia. „*Vor Licht und roter Fackelflamme bewahr uns Dunkles allesamme.* Anscheinend fürchtet das böse Dunkle das Feuer. Geh und hole Feuer, Luis. Vielleicht kann mich das ja retten.“

„Nein“, sagte Luis. „Ich kann dich hier nicht erfrieren lassen.“

Da stürzte ein großer Kondor vom Himmel herab. „Feuer kann den eisigen Tod besiegen“, rief er.

„Hör auf den Kondor“, drängte Natalia ihren Bruder. „Er will uns helfen.“

Widerwillig ließ Luis also seine Schwester zurück und machte sich auf die Suche nach Feuer.

Der Kondor führte ihn bis zu einer kleinen Hirtenhütte. Die Hütte war verlassen, aber in der Feuerstelle glimmte noch Glut. Sanft blies Luis hinein und legte ein paar Zweiglein, Äste und Holzscheite darauf, bis das Feuer hell aufloderte.

Als er aufsah, saß ein alter Mann auf einem Schemel vor dem Feuer. „Du willst es mit der Berghexe aufnehmen?“, fragte er.

„Ja“, antwortete Luis. „Sie hält meine Schwester gefangen.“

Der alte Mann drehte sich zur Tür und ein Truthahn kam herein. Er gab ihm einen brennenden Stock und wies ihn an, die Hexe zu finden.

Flink lief der Truthahn in die Nacht. Vom Kondor angeführt, trug er den brennenden Stock den ganzen Hang entlang, bis er an eine Bucht kam. Unerschrocken streckte er den Stock nach oben und sprang ins eisige Wasser, doch es spritzte so sehr, dass das Feuer erlosch. Der Truthahn kehrte zurück zur Hütte.

„Ein Kuss des Wassergeistes tötet den Feuerkönig“, sagte der alte Mann. „Für deine Mühe sollst du für immer das Zeichen abperlenden Wassers auf deinen Federn tragen.“

Dann trat eine Gans durch die Tür. Der alte Mann gab auch ihr einen glühenden Stock und schickte sie los, die Hexe zu finden.

Auch die Gans folgte dem Kondor und flog ihm mit aller Kraft hinterher, doch bald schon war der Stock bis fast an ihren Schnabel abgebrannt. Sie ließ den Stock in den Schnee fallen, um ihn besser greifen zu können, doch der Schnee löschte die Glut. Die Gans kehrte zurück zur Hütte.

„Der Kuss der Schneekönigin ist der Tod des Feuerkönigs“, sagte der alte Mann. „Für deine Mühe sollst du für immer ein aschgraues Federkleid tragen.“

Dann trat ein Flamingo durch die Tür. Auch ihm gab der alte Mann einen glühenden Stock in den Schnabel. „Du musst schnell fliegen“, sagte er, „das Stöckchen ist sehr kurz.“

Der Flamingo breitete die Flügel aus und folgte dem Kondor.

Diesmal wollte Luis mitgehen. „Ich kann meine Schwester nicht länger allein lassen“, sagte er dem alten Mann, bedankte sich und machte sich auf den Weg.

Doch der Flamingo flog so schnell, dass Luis nicht hinterherkam. Als er gerade aus der Sicht war, erschien ein Vogel Strauß. Er

wies Luis an, auf seinen Rücken zu klettern, und dann rannte er los, schnell wie der Wind.

Der Flamingo spürte, wie ihm das Feuer Hals und Brust versengte, doch er hielt den Stock fest im Schnabel, bis er schließlich die Höhle erreichte. Dort ließ er ihn auf ein Häufchen getrocknetes Moos fallen, das sogleich in Flammen stand. Wild aufflackernd erleuchtete das Feuer den Nachthimmel. Natalias Steingefängnis zerbrach krachend in tausend Teile und sie war frei und die Macht der Berghexe für immer gebrochen.

Nachdem sich Luis und Natalia in die Arme gefallen waren, legte Natalia ihre kühle Hand auf die Verbrennungen des Flamingos, doch seine Brust blieb purpurfarben, zum Zeichen seines Mutes.

Die beiden Kinder gingen zurück nach Hause und die Vögel sollten für immer ihre Freunde bleiben. Den Zauberball hatten sie schnell vergessen und von der bösen Hexe der Cordillera hat man nie wieder etwas gehört.

DIE STEINE VON PLOUHINEC

EINE FRANZÖSISCHE GESCHICHTE

In der Nähe des französischen Örtchens Plouhinec stehen mehrere riesige Steine in zwei Reihen, so hoch und schwer, dass die Menschen früher dachten, sie wären durch Magie dorthin gekommen. Neben diesen uralten Steinen lag vor langer Zeit der Hof von Marzinne und seiner Schwester Rozennik.

Viele junge Männer der Stadt bewunderten Rozennik und hätten sie gern zur Frau gehabt, aber sie hatte nur Augen für Bernez, einen alten Freund aus Kindertagen, der auf dem Hof arbeitete. Trotz ihrer Liebe aber traute sich Bernez nicht, Rozennik zu fragen, ob sie ihn heiraten wolle, denn er hatte nicht das Geld, ihr ein Heim zu bieten.

Jedes Jahr an Weihnachten luden Marzinne und Rozennik alle, die auf dem Hof arbeiteten, zum Essen ein. Einmal, als sie gerade anfangen wollten, trat ein Mann mit abgewetzter Kleidung ein. Die Gäste verstummten, denn alle hatten das Gerücht gehört, der Mann sei ein Zauberer, der Vieh und Getreide mit einem Fluch belegen könne.

Marzinne dachte, es wäre unklug, ihn zurückzuweisen, also lud er den Zauberer ein. Nach dem Essen fragte der Zauberer, ob er die kalte Nacht im Stall verbringen dürfe.

Marzinne zeigte ihm den Weg und der Zauberer richtete sich neben Esel und Ochse ein Bett aus Stroh.

Er war fast eingeschlafen, als die Kirchturmuhr Mitternacht schlug. Beim letzten Glockenschlag fing der Esel plötzlich an zu sprechen.

„Na, Ochse, wie ist es dir ergangen seit letztem Weihnachten?"

Der Ochse beäugte den Zauberer misstrauisch. „Mit diesem Nichtsnutz hier zwischen uns ist mir nicht nach Reden zumute", meinte er.

„Keine Sorge", sagte der Esel, „der schläft tief und fest."

„Seine fiesen Tricks scheinen ihn ja nicht gerade reich gemacht zu haben", sagte der Ochse. „Wie gut, dass er nicht vom Schatz der Steine weiß. Niemand hätte ihn weniger verdient als er."

„Welcher Schatz?", fragte der Esel.

„Alle hundert Jahre gehen die Steine von Plouhinec zum Trinken an den Fluss", sagte der Ochse, „und währenddessen liegt der Schatz unter ihnen offen da."

„Ach ja, ich erinnere mich an die Legende!", rief der Esel. „Wer den Schatz heben will, muss zum Schutz ein Büschel fünfblättriger Kleeblätter bei sich haben, um nicht zermalmt zu werden, wenn die Steine zurückkehren."

„Nicht nur das!“, sagte der Ochse. „Der Schatz muss mit einem Leben bezahlt werden. Deshalb liegt er ja schon so lange dort.“

Und mit dem nächsten Glockenschlag waren die Tiere wieder verstummt.

„Danke, meine Freunde!“, rief der Zauberer. „Ihr habt mich reich gemacht!“

Am nächsten Morgen ging er auf Pflanzensuche. Es dauerte einige Tage, aber dann hatte er das Büschel fünfblättriger Kleeblätter zusammen und kam gerade rechtzeitig am Neujahrstag zurück.

Als er die Steine erreichte, saß dort Bernez und beklagte seine Liebe zu Rozennik. „Ach, hätte ich doch nur etwas Geld, damit ich sie heiraten könnte“, seufzte er.

„Lass mich dir helfen“, sagte der Zauberer, „und du wirst mehr Geld haben, als du dir je erträumt hast.“

„Was muss ich dafür tun?“, fragte Bernez.

„Wir müssen warten bis Mitternacht“, sagte der Zauberer und erzählte Bernez von den Steinen und dem Schatz. Nur dass man sich schützen musste, erwähnte er nicht.

Um Mitternacht begann die Erde zu beben. Einer nach dem anderen hievten sich die riesigen Steine aus dem Boden und bewegten sich in Richtung Fluss.

Sogleich eilten Bernez und der Zauberer zu den Steinlöchern – jedes einzelne war mit Gold gefüllt! Rasch lud der Zauberer es in Säcke und Bernez füllte sich die Taschen.

Die Steine aber waren nicht lange fort und auf dem Rückweg zermalmten sie alles, was ihnen in den Weg kam.

„Wir werden zerquetscht werden!“, schrie Bernez panisch.

„Ich nicht!“, rief der Zauberer hämisch lachend und winkte mit den Kleeblättern. Und tatsächlich machten die Steine, wie es die Legende versprach, einen Bogen um ihn.

Bernez aber erkannte, dass es keinen Ausweg gab. Er fiel auf die Knie. Der erste Stein, der ihn erreichte, war aber der, der ihn von seiner Liebe zu Rozennik hatte sprechen hören. Und weil er wusste, dass Bernez ein gutes Herz hatte, beugte er sich über ihn und schützte ihn vor den anderen Steinen.

Als der Zauberer mit seinen goldgefüllten Säcken heranwankte, erkannte der Stein die Bosheit in seinem Herzen. Er fegte ihm die Pflanzen aus der Hand, stieß ihn in das nächste Loch und setzte sich auf ihn.

Bernez aber brachte seinen Schatz nach Hause und es dauerte nicht lange, bis er und Rozennik heirateten und glücklich waren bis an ihr Lebensende.

DIE WINTER-KIRSCHEN

EINE WALISISCHE GESCHICHTE

Vor langer Zeit, als König Uther Pendragon regierte, lebte ein edler Ritter namens Sir Clegys.

Von allen Rittern, die dem König zu Diensten standen, war Sir Clegys der großzügigste und gutherzigste. Er gab den Notleidenden Geld und bat die Hungrigen an seinen Tisch, wo es immer reichlich zu essen und zu trinken gab.

Jedes Jahr zu Weihnachten veranstalteten Sir Clegys und seine Frau Lady Clarys ein großes Festmahl in ihrem Haus. Alle Nachbarn waren eingeladen, vom reichen Bauern bis zum einfachen Pflüger, und alle bekamen feinstes Essen und reichlich Geschenke.

Jahr für Jahr verschenkten Sir Clegys und Lady Clarys Geld und gaben große Summen für Geschenke aus, bis ihr Vermögen schließlich aufgebraucht war. Aber weil sie auf ihre Feste nicht verzichten wollten, verkaufte Sir Clegys seine Höfe und Ländereien und sie feierten weiter.

Doch irgendwann waren alle Höfe und Ländereien verkauft und alles Geld war aufgebraucht. Um seine Familie ernähren zu können, musste der edle Ritter sogar sein eigenes prachtvolles Haus verkaufen und fortan lebten sie in einem bescheidenen Bauernhaus.

Sir Clegys grämte sich sehr, dass er durch den Wunsch zu teilen seine Familie in den Ruin getrieben hatte. Vor Scham nahm er auch nicht mehr an der großen Tafelrunde des Königs teil, zu der die Ritter geladen waren.

Viele Jahre vergingen. Eines Winters besuchte König Uther sein Schloss in Cardiff ganz in der Nähe von Sir Clegys' Wohnort. Er hielt ein Weihnachtsfestmahl ab, doch Sir Clegys war nicht eingeladen; der König hatte den edlen Ritter so lange nicht gesehen, dass er davon ausging, er sei gestorben.

Am Weihnachtsabend, als Sir Clegys in der Nähe des Schlosses spazieren ging, vernahm er den Klang von Harfen und Flöten und erinnerte sich schweren Herzens an seine eigenen Festlichkeiten.

„Sei nicht traurig", sagte Lady Clarys sanft zu ihm, als sie ihn so niedergeschlagen sah. „Du hast immer alles mit allen geteilt. Lass uns dankbar sein für das, was uns geblieben ist, und feiern, so gut wir können."

Sir Clegys wischte sich die Tränen weg und sie gingen gemeinsam nach Hause, und als sie mit ihren Kindern spielten und ihr einfaches Weihnachtsmahl zusammen genossen, war alle Traurigkeit vergessen. Friede kehrte zurück in sein Herz, als Sir Clegys von der Liebe seiner Familie umgeben war.

Am Weihnachtsmorgen ging die Familie zur Kirche, und als sie zurückkamen, drehte Sir Clegys noch eine Runde im Garten. Zu seiner Überraschung trug einer der Bäume frische grüne Blätter und glänzende rote Kirschen. Sir Clegys pflückte eine Frucht und probierte sie. Es war das Köstlichste, was er je gegessen hatte. Er pflückte ein paar Kirschen für Lady Clarys und eilte ins Haus.

„Das ist ein echtes Weihnachtswunder!", sagte Lady Clarys. „Wir sollten unseren Schatz teilen. Morgen bringst du König Uther ein paar Kirschen nach Cardiff. Vielleicht bekommst du ja eine Belohnung dafür."

Und so machte sich Sir Clegys am nächsten Tag mit einem Korb voller Winterkirschen auf den Weg nach Cardiff.

Im Schloss jedoch erkannte ihn niemand mehr, denn er trug weder prachtvolle Ritterkleidung, noch ritt er ein Pferd. Er war einfach gekleidet und zu Fuß unterwegs, mit einem Stock in der Hand.

Am Tor hielt ihn der Pförtner an: „Geh zurück zu den anderen Bettlern!", herrschte er ihn an und versperrte den Weg.

Sir Clegys zeigte ihm den Korb voller Kirschen. „Ich habe ein Geschenk für König Uther", erklärte er.

Da kam dem Pförtner der Gedanke, dass es für ein solches Geschenk wohl eine Belohnung gäbe. „Na gut", sagte er. „Ich lasse dich ein, wenn du mir ein Drittel abgibst von dem, was du vom König dafür bekommst."

Sir Clegys war einverstanden und der Pförtner ließ ihn passieren.

Als er die Tür zum Festsaal erreichte, hielt ihn ein Saaldiener auf. „Einfache Bauern können hier nicht durch", sagte er und versperrte den Weg.

Sir Clegys zeigte ihm den Korb voller Winterkirschen. „Ich habe ein Geschenk für den König", erklärte er.

„Für ein so herrliches Geschenk gibt es bestimmt eine Belohnung", dachte der Diener. „Na gut", sagte er. „Ich lasse dich ein, aber nur wenn du mir ein Drittel abgibst von dem, was du vom König dafür bekommst."

Schweren Herzens erklärte sich Sir Clegys einverstanden und der Diener öffnete die Tür.

Doch kaum dass der königliche Verwalter den einfach gekleideten Sir Clegys im Festsaal sah, verwies er ihn des Raumes: „Raus mit dir oder ich lasse dich auf den Lumpenhaufen werfen, wo du hingehörst!"

Sir Clegys zeigte ihm den Korb mit Kirschen. „Ich habe ein Geschenk für den König", sagte er.

Der königliche Verwalter war sicher, dass der König für die Kirschen eine ordentliche Belohnung übrig hätte. „Na gut", sagte er. „Ich gewähre dir Zutritt zum König, aber dafür musst du mir ein Drittel abgeben von dem, was du für die Kirschen bekommst."

Auch wenn ihm jetzt selbst nichts mehr übrig bleiben würde von der Belohnung, hatte Sir Clegys doch keine andere Wahl, als zuzustimmen. Der Verwalter brachte ihn vor den König.

Sir Clegys kniete nieder vor König Uther.

„Ich bin gekommen, Euch diese wundersamen Winterkirschen anzubieten, die in meinem Garten wachsen", sagte er.

Der König war so erstaunt wie erfreut über das Geschenk. „Was willst du als Belohnung?", fragte er, ohne Sir Clegys zu erkennen. „Was immer du wünschst, ich will es gewähren."

Sir Clegys dachte an all das Land und die Reichtümer, die er verloren hatte, verlangte aber dennoch keine Belohnung. Der König wunderte sich und war enttäuscht, seinem Gast kein großzügiges Geschenk machen zu können, aber er respektierte den Wunsch.

Dann wandte Sir Clegys sich um und streckte dem Verwalter die leere Hand entgegen. „Hier", sagte er, „ein Drittel von nichts."

Vor dem Saal tat er dasselbe mit dem Saaldiener und am Tor mit dem Pförtner. Als er seine Belohnung wie versprochen geteilt hatte, ging er zurück zum König und bedankte sich.

„Warum verhältst du dich so seltsam gegenüber meinen Bediensteten?", fragte der König. Und als Sir Clegys die Lage erklärte, brachen der König und seine Ritter in schallendes Gelächter aus.

„Wie heißt du?", fragte König Uther.

„Ich bin Sir Clegys", antwortete er, „einst Euer treuer Ritter, nun in Armut lebend."

Der König freute sich sehr, seinen alten Freund wiederzusehen. „Alles, was einem Ritter zusteht, sollt auch Ihr wieder haben, Sir Clegys", sagte er, „und dieses Schloss soll Euer Zuhause sein."

Sir Clegys dankte dem König und kehrte zu seiner Familie zurück, um die gute Nachricht zu überbringen. Sie lebten viele Jahre lang glücklich im Schloss von Cardiff und vergaßen nie, etwas von ihrem Glück mit den Bedürftigen zu teilen.

DER RASENDE STOCK

EINE GESCHICHTE DER INUIT

In einem kleinen Dorf am Ufer des Arktischen Ozeans lebten ein Mann und seine Frau, die sich liebevoll umeinander kümmerten.

Die beiden hatten keine eigenen Kinder und so kam ein Mädchen aus der Nachbarschaft, das bei seiner Großmutter lebte, täglich ins Haus, um der Frau, die sie liebte wie ihre eigene Tochter, zur Hand zu gehen.

Eines Tages kam der Mann vom Jagen nach Hause und stellte fest, dass seine Frau verschwunden war. Das ganze Dorf suchte nach ihr, doch sie blieb verschwunden und es gab nicht einmal Spuren im Schnee, die die Richtung hätten anzeigen können, in die sie fort war.

„Jemand muss sie mitgenommen haben“, sagte der Mann. Er saß vor dem Haus und starrte voller Sorge zum Horizont.

Tag für Tag saß er dort und brütete, was geschehen sein könnte. Er schlief nicht mehr, er aß nicht mehr und er wollte auch mit niemandem reden.

Die Großmutter von nebenan hatte starkes Mitgefühl. „Geh rüber und sprich mit ihm“, sagte sie zu ihrer Enkelin. „Seine Frau hat dich so geliebt, er wird dir sicher zuhören. Sag ihm, er soll rüberkommen und mit uns essen.“

Also ging das Mädchen hinüber. Er sah so grimmig und niedergeschlagen aus, dass sie erst Angst hatte, aber dann winkte er sie zu sich und sie setzte sich neben ihn.

„Meine Großmutter sagt, du kannst bei uns essen.“

Der Mann erwiderte nichts, ließ das Mädchen aber seine Hand nehmen und ihn nach nebenan führen, wo die Großmutter ein Gericht aus dem wenigen Rentierfleisch bereitet hatte, das sie noch hatte.

Der Mann war so hungrig, dass er alles aufaß. Dann schickte er das Mädchen zu sich nach Hause, mehr Fleisch zu holen.

Während sie weg war, gab die Großmutter dem Mann einen Glücksbringer, den sie aus kleinen selbst geschnitzten Tieren und Federn gemacht hatte.

„Du warst immer freundlich zu uns“, sagte sie. „Dieser Glücksbringer wird dir helfen, deine Frau zu finden. Binde ihn an einen kräftigen Stock und stecke den Stock in die Erde vor deinem Haus, dann geh schlafen. Am nächsten Morgen wird sich der Stock in die Richtung gebogen haben, in die du gehen musst. Dann geh los. Abends steckst du den Stock wieder in die Erde, am Morgen weist er dir den Weg. Am Ende der Reise wirst du deine Frau gefunden haben.“

Der Mann dankte ihr. Dann kam das Mädchen mit dem Fleisch, und als auch das gegessen war, ging der Mann nach Hause.

Noch am selben Abend band er den Glücksbringer an einen kräftigen Stock, den er in die Erde vor dem Haus steckte. Dann

ZAUBEREI UND GEISTERHAFTES

ging er zu Bett und zum ersten Mal nach vielen Tagen konnte er wieder schlafen.

Am Morgen bog sich der Stock nach Norden. Der Mann zog ihn heraus, da hüpfte ihm der Stock auch schon aus der Hand und fegte los über den Schnee. Der Mann eilte ihm nach.

Den ganzen Tag lang raste der Stock in Richtung Norden und der Mann ihm immer nach, bis er nicht mehr konnte. Er steckte den Stock fest in die Erde, wickelte sich in ein Bärenfell und legte sich schlafen. Am nächsten Morgen zeigte der Stock immer noch nach Norden, nur dass er sich diesmal noch weiter bog. Wieder eilte der Mann ihm nach.

Zwei Tage und zwei Nächte lang lief der Mann nach Norden, immer dem Stock hinterher. Am dritten Morgen war der Stock so weit gebogen, dass seine Spitze beinahe den gefrorenen Boden berührte.

„Meine Frau muss ganz in der Nähe sein", sagte der Mann zu sich selbst.

Gegen Mittag kam er an ein großes Iglu. Neben dem Eingang war ein gewaltiger Federumhang an vier Holzpfählen aufgehängt.

Der Mann legte sich auf die Lauer, um zu sehen, wer hier lebte. Kurz darauf trat ein großer Mann aus dem Iglu. Er kletterte auf einen der Pfähle, hängte sich den Federumhang um, breitete die Flügel aus und flog davon.

Kaum war er weg, betrat der Mann das Haus, wo seine Frau ihn freudig begrüßte.

„Der Vogelmann hat mich geholt", sagte sie. „Deshalb hast du auch keine Spuren im Schnee finden können. Ich muss für ihn kochen und das Haus in Ordnung halten."

„Wir müssen sofort weg von hier", sagte der Mann.

„Nein", erwiderte seine Frau. „Er wird bald zurück sein und dann hat er uns. Ich werde ihn zu einer längeren Reise bewegen, dann haben wir bessere Chancen zu fliehen." Dann gab sie dem Mann etwas zu essen und mit dem rasenden Stock in der Hand lief er zurück in sein Versteck.

Kurz darauf kehrte der Vogelmann zurück, ein Walross in der einen Klaue, eine Robbe in der anderen. Er landete auf den Pfählen, streifte den Federumhang ab, kletterte hinab und ging ins Haus.

Als sie ihn sah, fing die Frau an zu weinen.

„Was ist los?", fragte der Vogelmann.

„Ich bin die Walrosse und Robben leid", sagte sie kläglich. „Mein Mann bringt mir gutes Walfleisch nach Hause."

„Das kann ich auch!", sagte er. „Hör auf zu weinen, dann mache ich mich auf den Weg." Dann ging er direkt wieder hinaus, zog den Umhang an und flog in Richtung Meer.

Kaum war er außer Sichtweite, rannte die Frau hinaus. Ihr Mann nahm sie auf den Rücken und sie machten sich auf den Heimweg.

Der Mann war kräftig, er war der schnellste Läufer des Dorfes. Dennoch hatten sie erst den halben Weg geschafft, als der Vogelmann am Himmel erschien, einen Wal in jeder Klaue.

Er wurde sehr wütend, als er seine Gefangene auf der Flucht sah. „Du entkommst mir nicht!", schrie er. „Ich bringe die Wale nach Hause und dann hole ich dich zurück!" Und weg war er.

„Schneller, schneller!", feuerte die Frau ihren Mann an.

Er rannte und rannte, bis sie ans Ufer eines breiten Flusses kamen. Schnell gruben sich die beiden ein Versteck am Ufer und kauerten sich hinein.

Als der Vogelmann zurückkehrte, konnte er sie nirgends sehen. „Sie müssen hier irgendwo versteckt sein", dachte er. Dann flog er zum Fluss hinab, breitete seine Flügel aus und staute damit das Wasser. „Jetzt wird das Wasser über die Ufer treten und sie werden ertrinken."

Immer höher stieg der Wasserpegel und bald hatte der Fluss das Versteck erreicht. „Wir werden ertrinken“, rief die Frau weinend. „Was sollen wir nur tun?“

Ihr Mann betrachtete den rasenden Stock mit dem Glücksbringer und da fielen ihm plötzlich magische Worte ein, die sein Vater ihn einst gelehrt hatte. Er sprach sie dreimal laut aus. Beim dritten Mal gefror der Fluss zu Eis. Dicke Eisschollen krallten sich in die Flügel des Vogelmannes. Er saß in der Falle.

Der Mann und seine Frau kamen aus ihrem Versteck, überquerten den gefrorenen Fluss und kehrten in ihr Dorf zurück.

Zu Hause angekommen, dankten sie der Großmutter und ihrer Enkelin und fragten, ob die beiden nicht bei ihnen leben wollten. Und so lebten sie fortan gemeinsam als glückliche Familie und die Frau hatte bis an ihr Lebensende alles, was sie brauchte.

MOOWIS

EINE GESCHICHTE DER OJIBWE

Es war einmal eine schöne junge Frau, die vom ganzen Dorf angehimmelt wurde. Viele hatten um ihre Hand angehalten, doch sie hatte alle abgewiesen, denn sie war sehr stolz und empfand niemand als ebenbürtig.

Zu ihren Bewunderern zählte auch ein junger Mann, der schnellste Läufer und beste Jäger des Dorfes. Er versuchte auf vielfältige Weise, die Zuneigung der jungen Frau zu gewinnen, doch sie wies ihn jedes Mal kaltherzig ab.

Eines Tages kam ihm zu Ohren, dass sie sich über seine Liebe lustig gemacht und ihn vor dem ganzen Dorf verspottet hatte. Der junge Mann war schwer getroffen. Er verkroch sich in seiner Hütte, denn niemand sollte sehen, wie sehr er sich schämte.

Viele Tage lang lag er dort, ohne ein Wort zu sagen. Niemand aus seiner Familie konnte ihn aufrütteln oder dazu überreden, etwas zu essen.

Als die winterliche Jagdsaison zu Ende ging, war es an der Zeit für das Volk weiterzuziehen. Der junge Mann aber lag immer noch reglos da und so blieb seiner Familie nichts anderes übrig, als die Hütte um ihn herum abzubauen und ihn zurückzulassen.

Als alle weg waren, durchforstete er die zurückgelassenen Dinge. Er fischte Tierknochen, zerbrochene Perlen, schmutzige Lederfetzen und Lumpen, einen verschimmelten Kopfschmuck und anderen Unrat aus der Asche der Lagerfeuer und aus dem schlammigen Boden. Dann säuberte er alles sorgfältig und brachte die Sachen an einen schattigen Ort, an dem noch Schneereste lagen. Aus einer Schnee-Erde-Knochen-Mischung formte er die Gestalt eines Menschen. Aus dem Unrat wurden ein Mantel und eine mit Perlen verzierte Hose, ein Mokassinpaar und ein Kopfschmuck aus Federn. Zum Schluss bekam die Figur Pfeil und Bogen. Als er fertig war, erweckte er sein Werk zum Leben und nannte die Figur Moowis, den Dreck-und-Lumpen-Mann.

„Komm mit", sagte der junge Mann zu Moowis. Sieben Tage lang führte er ihn gen Norden bis zu dem Ort, an dem sein Volk das neue Lager aufgeschlagen hatte. Als sie das Lager betraten, starrten alle auf den kraftvollen Körper und das schöne Gesicht des Fremden. „Das muss das Oberhaupt eines anderen Volkes sein", sagten sie.

Auch die Frau trat aus ihrer Hütte. Den jungen Mann, den sie so schlecht behandelt hatte, beachtete sie gar nicht – nur für Moowis hatte sie Augen. „Dieser Mann sieht aus, als könne er mir ebenbürtig sein", dachte sie und wünschte auf den ersten Blick, seine Frau zu werden.

Sie bat ihre Mutter, Moowis in ihre Hütte

einladen zu dürfen, damit sie zusammen am Feuer sitzen könnten, aber Moowis sagte, ihm sei die kalte Luft draußen lieber und er würde unter den Sternen schlafen.

In den folgenden Tagen beobachtete der junge Mann die junge Frau, wie sie auf vielfältige Weise versuchte, die Zuneigung des schönen Fremden zu gewinnen, und er lächelte im Stillen in sich hinein.

Schließlich fragte Moowis die junge Frau, ob sie ihn heiraten wolle, und sie sagte voller Stolz Ja.

„Jetzt kannst du aber mit in meine Hütte kommen, hinein ins Warme", sagte sie, doch Moowis wollte noch immer nicht.

„Erst muss ich eine lange Reise machen", erklärte er.

„Dann komme ich mit", erwiderte sie.

Sie verabschiedete sich von ihrer Familie und zog mit Moowis in die Berge.

Viele Tage waren sie unterwegs, stets im Schatten. Der Weg war steil und rau und bald hatte die Frau wunde Füße, doch sie war fest entschlossen, nicht zurückzubleiben hinter ihrem Mann, und beschwerte sich nicht.

Eines Tages gelangten sie an einen Pfad, der weder Schutz noch Schatten bot. Moowis schritt schnell voran und war bald außer Sichtweite.

Die junge Frau folgte ihm im warmen Sonnenschein. Sie war nicht lange unterwegs, da fiel ihr eine Handvoll Perlen am Boden auf. Ein Stück weiter vorn lagen ein zerrissener Mokassin und Fetzen der Kleidung ihres Mannes, alle schmutzig und nass. Angsterfüllt rief sie nach Moowis, doch er antwortete nicht.

Dann fand sie seinen Kopfschmuck, den Bogen und die Pfeile. Als sie sich umsah nach dem einzigen Mann, den sie je geliebt hatte, sah sie nur eine Pfütze mit Erdklumpen und Knochen darin.

Verzweifelt weinend fiel die junge Frau auf die Knie und vergoss bittere Tränen, denn jetzt erkannte sie die schreckliche Wahrheit – ihr guter Mann war nichts als ein Dreck-und-Lumpen-Mann gewesen.

SILBERMÜTZCHEN

EINE NORDAMERIKANISCHE GESCHICHTE

Silbermützchen lebte im wolkenverhangenen Himmelspalast seines Vaters König Winter. Der junge Prinz liebte es, in den Kristallgärten zu wandeln, aber manchmal blieb er dann stehen und seufzte, denn er sehnte sich nach einer sinnvollen Aufgabe, so wie sie seine Geschwister unten auf der Erde hatten.

Eines Tages berief König Winter die Familie in den großen Saal.

„Ich habe euch hier versammelt, weil ich eure Hilfe brauche", sagte er, nachdem er auf dem Eisthron Platz genommen hatte. „Euer Bruder Westwind kam gerade von einer Erdumrundung zurück und hat besorgniserregende Nachrichten mitgebracht. Wie es scheint, bleibt Prinz Herbst länger als gewöhnlich; wir werden ihn wohl verjagen müssen."

Da trat der Nordwind einen Schritt vor. „Ich helfe gerne, Vater", sagte er.

„Gut", sagte der König. „Die Herbstfeen sind immer noch mit dem Bemalen der Blätter beschäftigt! Greif die Bäume an, fege ihre Blätter von den Ästen und verstreue sie weit. Dann rennst du durch die Gärten und Felder und reißt den Herbstblumen die Köpfe ab!"

Der Nordwind versprach, sein Bestes zu geben, und flog los.

Dann wandte sich König Winter an seine Tochter Prinzessin Schnee. „Du füllst deine Taschen mit Schneeflocken und machst dich auf den Weg in die Berge", wies er sie an. „Noch heute Nacht muss alles bereit sein, damit du vor Sonnenaufgang zur Erde fliegen und die Flocken verstreuen kannst."

„Ich werde meinen Wagen bis oben füllen", versprach Prinzessin Schnee und zog los.

Dann gab König Winter auch Prinz Westwind, Prinzessin Eis und all seinen anderen Kindern Anweisungen. Am Schluss wandte er sich an Silbermützchen.

„Du, mein Sohn, nimmst dich der Frostfeen an. Sie warten schon sehr lange auf eine Aufgabe. Ich überlasse es dir zu entscheiden, worin diese Aufgabe bestehen soll."

Silbermützchen dankte seinem Vater und war sehr froh, endlich eine wichtige Aufgabe zu haben. Dann ging er in den Garten, um nachzudenken.

Den ganzen Tag lang überlegte Silbermützchen, welchen Nutzen die Frostfeen der Erde bringen könnten.

Am Abend kam der Nordwind zurück und prahlte aus vollem Hals, wie er die bunten Blätter von den Bäumen gefegt, die Blumen zerfetzt und die Vögel verjagt hatte.

„Bestimmt hat er den Erdenkindern Angst gemacht", dachte Silbermützchen und das brachte ihn auf eine Idee.

Am nächsten Morgen versammelte er die

Frostfeen um sich. „Der Nordwind hat großen Schaden auf der Erde angerichtet“, berichtete er. „Seine wilde Art muss die Kinder verängstigt haben. Lasst uns einen Weg finden, wie wir sie wieder froh machen können.“

Dann wies er die Frostfeen an, ihre Wagen mit fedrigen Blättern und Kristallblüten aus dem Palastgarten zu füllen. In der Dämmerung dann machten sie sich auf den Weg zur Erde.

Die ganze Nacht über tanzten die Frostfeen durch die Gärten und über die Felder und schmückten die kahlen Äste der Bäume mit winzigen Eisblättern und jeden einzelnen Grashalm mit den weißen fedrigen Blättern aus König Winters Garten.

„Die Erdenbäume und -pflanzen sind ja genauso schön wie bei uns!“, rief Silbermützchen glücklich. „Jetzt fehlt nur noch eine Überraschung für die Kinder, wenn sie morgen früh aufwachen!“

Die Feen machten sich an die Arbeit. Sie bemalten alle Fenster mit Eisbildern von glitzernden Palästen, von mit silbrigen Farnen bedeckten Hügeln und von funkelnden Wasserfällen. Als sie gerade fertig waren, schimmerte am Osthimmel bereits das erste Licht der Dämmerung.

„Schnell, wir müssen los!“, rief Silbermützchen. „Ab in die Wagen und nichts wie hoch!“

Als die Kinder an diesem Morgen erwachten, strahlten sie begeistert die funkelnden Eisbilder an den Fenstern an. „Die Frostfeen waren hier!“, riefen sie aufgeregt. „Jetzt ist der Winter da!“

Und König Winter war so erfreut, als er erfuhr, was Silbermützchen getan hatte, dass er ihn zum Eisblumenprinzen ernannte.

Und seither lassen Silbermützchen und die Frostfeen Jahr für Jahr ihren Zauber wirken, damit der Winter auch für die Erdenkinder etwas Schönes ist.

WEIHNACHTEN

ANANSI UND DAS ROTE WIESENKRAUT

EINE JAMAIKANISCHE GESCHICHTE

Was Tricksereien betraf, war Anansi ziemlich talentiert. Und er hatte die Gabe, jedes Problem wie einen glücklichen Zufall aussehen zu lassen.

Eines Weihnachtsmorgens saß Anansi vor seinem Haus und beobachtete die vorübergehenden Menschen aus seinem Dorf. Manche trugen Körbe voller Brotfrüchte oder Akipflaumen auf dem Kopf, andere hatten einen Esel dabei, der mit Kochbananen, Orangen und Blumensträußen beladen war. Egal ob jung oder alt, alle hatten etwas bei sich, das sie auf dem großen Markt verkaufen wollten, der jährlich an Weihnachten in der nahen Stadt abgehalten wurde.

„Schönen Markttag!“, rief er den Leuten zu. Aber als alle vorbeigezogen waren, verging ihm das Lachen.

„Sieht so aus, als wären sämtliche Felder abgeerntet“, murmelte er. „Was soll ich denn jetzt verkaufen?!“

WEIHNACHTEN

Er ging los, um zu sehen, was für ihn noch übrig war, doch wie er schon vermutet hatte, fand er keine einzige Blume oder Frucht mehr vor. Er fühlte sich betrogen und wollte gerade nach Hause gehen, als ihm eine große rote Pflanze am Feldrand auffiel.

Er ging zu ihr und schnupperte daran. Sie roch nach nichts, sah aber hübsch aus, also pflückte er ein paar Stängel und steckte sie sich in den Hosenbund. „Da du alles bist, was noch übrig ist, du rotes Zeug“, sagte er, „werde ich eben dich mitnehmen auf den großen Markt. Auch wenn ich nicht weiß, ob du essbar bist – das werde ich dann wohl erfahren, sollte dich niemand kaufen.“ Und so machte er sich tanzend und lachend auf den Weg in die Stadt. „Kya, kya, kya!“

Auf dem großen Markt wurde Musik gespielt und in den Straßen drängten sich die Menschen, die Selbstangebautes und Weihnachtssüßigkeiten kaufen oder verkaufen wollten. Anansi streifte über den Platz und betrachtete begierig die Stände, in denen leckeres Essen gekocht wurde.

„Ich muss schlau sein und irgendwie an Geld kommen, damit ich mir etwas zu essen kaufen kann“, dachte er.

Dann kam er an einen Stand, an dem glänzende rote Äpfel aufgetürmt waren. Er grinste die Verkäuferin an und zeigte auf die Pflanzen in seinem Hosenbund. „Rot gegen Rot, wie wär’s?“

„Was hast du da für rotes Zeug?“, fragte die Frau.

„Erst tauschen wir, dann sag ich’s dir“, sagte Anansi grinsend.

„Nein“, entgegnete die Frau. „Erst sagst du’s mir, dann tauschen wir.“

„Erst der Tausch“, sagte Anansi.

Die Frau schüttelte den Kopf. „Erst die Antwort."

„Tausch mit mir!"

„Antworte mir!"

„Nein, erst tauschen!"

„Nein, erst antworten!"

Allmählich wurde die Frau wütend. „Du vergraulst mir noch meine echten Kunden!", sagte sie. „Geh jetzt oder ich jage dich eigenhändig davon!"

„Kya, kya, kya!", lachte Anansi, merkte aber, dass es tatsächlich Zeit war zu verschwinden. Als er sich umdrehte, stieß er versehentlich einen großen Korb mit Äpfeln um. Schnell machte er sich auf und davon und die Frau rannte ihm nach. Mehrere Menschen schlossen sich der Jagd an. Als sie das rote Zeug in seinem Hosenbund sahen, dachten sie, er hätte es gestohlen. „Ein Dieb!", riefen sie. „Haltet den Dieb!"

Anansi flitzte durch die Menge, bis er an einen Stand kam, an dem ein Topf mit kochendem Wasser über dem Feuer hing. Eben wollte eine Frau Mais in den Topf geben, um Maisbrei zu kochen, da warf Anansi blitzschnell die rote Pflanze in das kochende Wasser.

„Was hast du da in meinen Topf geworfen?", rief die Frau.

„Schaut euch das an!", sagte ein Mann. „Das Wasser ist rot geworden, wie Wein."

„Kya, kya, kya!", sagte Anansi heiter. „Es sieht nicht nur aus wie Wein, es ist Wein."

Da nahm der Mann einen Löffel und probierte einen Schluck.

„Ich hoffe nur, das rote Zeug ist nicht giftig", dachte Anansi und machte sich schon bereit für die nächste Flucht.

Doch zum Glück hielt sich der Mann nicht schmerzgekrümmt den Bauch, sondern verzog nur die Nase. „Schmeckt nicht gerade nach viel", sagte er.

„Es ist ja auch noch nicht fertig", sagte Anansi. Dann erspähte er Zucker und Gewürze im Stand der Verkäuferin. „Diesem Wein fehlen noch Zucker, etwas Ingwer und etwas Zimt und dann muss er lange gerührt werden." Beherzt griff er nach dem Zucker und den Gewürzen und warf sie in den Topf.

„Und jetzt heißt es rühren, rühren, rühren“, verkündete er. Aufmerksam sahen die Leute zu und warteten. Schließlich hielt Anansi inne und probierte das Gebräu. „Kya, kya, kya!“, lachte er, „wirklich köstlich, wie echter Wein.“

„Es riecht auch gut“, sagte die Maisbreiverkäuferin.

Anansi beugte sich über den Topf und flüsterte: „Danke, du rotes Zeug, dass du den Wein so echt machst.“

Der Mann neben ihm hatte ihn gehört. „So-echt heißt der Wein“, informierte er die Umstehenden, „und ich werde der Erste sein, der sich einen genehmigt.“ Er bezahlte und verkündete, der Wein schmecke köstlich.

Jetzt wollten alle probieren und schon bald hatte Anansi seinen Wein bis auf den letzten Tropfen verkauft. Er war das begehrteste Getränk des ganzen Marktes.

Am Abend hatte Anansi schließlich genug Geld für ein ganzes Festmahl beisammen.

Und so ist es dem schlagfertigen, cleveren Anansi zu verdanken, dass die Menschen auf Jamaika seither um Weihnachten herum Sorrel* brauen, ein köstliches Getränk aus Anansis rotem Wiesenkraut.

* Auf Jamaika spricht man Englisch. „So echt“ heißt auf Englisch „so real“. Daraus entstand der Name Sorrel für Anansis Getränk.

DIE SPINNEN UND DER WEIHNACHTS-BAUM

EINE UKRAINISCHE GESCHICHTE

Eines Wintertags ging eine Frau in den Wald, um Brennholz zu sammeln. Und als sie so den Weg entlangging, die Arme mit Ästen beladen, fiel ihr ein kleiner, abseitsstehender Tannenbaum auf.

„Du würdest einen hübschen Weihnachtsbaum für meine Kinder abgeben“, dachte sie. Die Familie hatte sich nie einen Weihnachtsbaum leisten können, die kleine Tanne aber schien ein Geschenk des Waldes selbst zu sein. „Ich komme zurück“, versprach sie und eilte nach Hause.

An jenem Abend, während ihre Kinder tief schliefen, fertigte sie Weihnachtsschmuck aus Papier. Am nächsten Tag war Heiligabend. Während die Kinder spielten, räumte die Frau das Haus auf und putzte es vom Keller bis unters Dach. Sie wischte die Böden und entfernte die Spinnweben und alle Spinnen flüchteten sich ins Dach.

In jener Nacht ging die Frau im Schein des Vollmonds in den Wald zurück, grub die kleine Tanne aus und brachte sie nach Hause.

Dann schmückte sie den Baum mit den Papierbasteleien. „Du funkelst und glitzerst zwar nicht wie die Bäume, die wir durch die Fenster der großen Villen gesehen haben“, sagte sie, „aber ich bin sicher, meine Kinder werden dich trotzdem sehr mögen.“

Die Spinnen indes sahen interessiert von ihrem Versteck unterm Dach aus zu. Kaum war die Frau ins Bett gegangen, seilte sich die mutigste von ihnen ab und nahm den Baum in Augenschein. Sie schwang sich von Ast zu Ast, bewunderte den Papierschmuck und hinterließ eine dünne Spur aus Spinnengarn.

Als die anderen Spinnen sahen, dass dort unten keine Gefahr drohte, folgten sie ihr. Immer wieder umkreisten sie den Baum und erkundeten die kleine Tanne vom untersten

WEIHNACHTEN

WEIHNACHTEN

Ästchen bis ganz an die Spitze. Und so war der Baum schon bald mit Spinnennetzen übersät.

Mit Bestürzung wurde den Spinnen plötzlich bewusst, was sie getan hatten. Sie hatten ja gesehen, mit welcher Mühe die Frau das ganze Haus geputzt und den Baum geschmückt hatte. Doch jetzt konnten sie ihr Werk nicht mehr ungeschehen machen. Niedergeschlagen zogen sie sich unters Dach zurück.

In jener Weihnachtsnacht jedoch, als alles ganz still dalag, schlüpfte ein schimmernder Mondstrahl zwischen den Vorhängen hindurch. Er beschien den kleinen Tannenbaum und verwandelte die Spinnennetze in glitzernde Lamettafäden.

Als die Kinder am nächsten Morgen erwachten, freuten sie sich sehr über ihren eigenen, mit silbrigen Netzen überzogenen Weihnachtsbaum. Ihre Mutter konnte nur staunen über das Wunder und sich mit ihnen freuen. Aber das Geheimnis des hübschen kleinen Tannenbäumchens, das kannten nur die Spinnen, die von oben alles beobachteten.

DAS WEIHNACHTSMAHL

EINE FINNISCHE GESCHICHTE

Es war einmal ein Bauer, dessen Frau nur schwer zufriedenzustellen war. Was auch gesagt wurde, sie verkündete das Gegenteil. Und worum auch immer man sie bat, sie tat das Gegenteil.

Der Bauer aber hatte sich über viele Jahre hinweg daran gewöhnt und gelernt, eigene Wege zu gehen.

Eines Jahres kurz vor Weihnachten fand er, sie könnten doch einmal ein Festmahl für Familie und Freunde ausrichten. Er musste die Sache aber clever angehen, denn er wusste ja, seine Frau würde sich wohl kaum einverstanden erklären.

„Bald steht Weihnachten vor der Tür", sagte er eines Tages beiläufig. „Bestimmt erwarten alle feines Weißbrot bei uns, aber davon halte ich nichts, das ist viel zu teuer. Schwarzbrot ist gut genug für uns."

„Schwarzbrot an Weihnachten!", rief seine Frau entrüstet. „Kommt nicht infrage sonst denken die Leute noch, wir haben kein Geld. Es wird bestes Weißbrot geben, keine Diskussion."

WEIHNACHTEN

„Wenn du drauf bestehst", erwiderte der Bauer. „Aber dann gibt es wenigstens keinen Kuchen."

„Keinen Kuchen!", höhnte seine Frau. „Ich backe so viele Kuchen, wie ich will!"

„Na gut, aber dann lass uns dieses Jahr auf Wein verzichten", sagte der Bauer.

„Mach dich nicht lächerlich!", fuhr seine Frau ihn an. „Selbstverständlich gibt es Wein."

Der Bauer seufzte. „Wenn du meinst", sagte er. „Wenn du unbedingt Wein ausschenken willst, kaufen wir aber besser nicht auch noch Kaffee."

Seine Frau sah ihn entgeistert an. „Kein Kaffee?! Wie kannst du so etwas vorschlagen! Ich werde den besten kaufen, den ich kriegen kann."

„Dann nimm aber nur genug für uns beide", sagte der Bauer listig, „denn ich finde nicht, dass wir Gäste haben sollten."

„Erzähl keinen solchen Blödsinn!", schrie seine Frau. „Ich werde ein üppiges Festmahl kochen und die ganze Familie und auch noch Freunde einladen!"

Und genau so war es.

DIE CHRISTROSE

EINE SCHWEDISCHE GESCHICHTE

Vor langer Zeit lebte einmal ein Räuber mit seiner Familie in einer Höhle im Wald. Er überfiel Reisende und stahl ihr Geld und in harten Zeiten gingen seine Frau und seine Kinder zusätzlich zum Betteln in die Stadt.

Eines Tages bemerkte die Räuberin eine offene Tür in einer Klostermauer, als sie in der Stadt war. Dahinter erspähte sie einen hübschen Garten und einen Mönch, der gerade die Blumen goss. Sie ging hinein und ihre Kinder folgten.

Der Mönch sprang auf. „Du darfst hier nicht sein!“, rief er. „Frauen sind im Kloster nicht erlaubt.“ Aber die Räuberin scherte sich nicht um Regeln. Sie besah sich die Kräuter und Blumen und ihre Kinder jagten die Wege entlang.

Der Mönch wollte Streit mit der Räuberin vermeiden, denn sie war berüchtigt, also rannte er hinein, um Abt Hans zu benachrichtigen, der dem Kloster vorstand.

Der alte Abt hatte den Garten eigenhändig angelegt und liebte ihn über alles. Mit dem Mönch auf den Fersen ging er hinaus, um mit der Räuberin zu sprechen. Zu seiner Freude schien sie fasziniert von den Pflanzen.

„Gefällt dir mein Garten?“, fragte er freundlich.

„Ja, er ist hübsch“, antwortete sie, „wenn auch nicht so schön wie der Garten im Wald.“

Abt Hans und der Mönch wunderten sich.

„Es gibt doch keinen schöneren Garten als diesen“, beharrte der Mönch. „Abt Hans hat viele Jahre darauf verwendet, ihn anzulegen.“

„Doch, den gibt es“, sagte die Räuberin. „Immer an Heiligabend verwandelt sich der Wald in den schönsten Garten der Welt. Aber nur wir, die wir dort leben, können ihn sehen.“

Der Mönch schnaubte misstrauisch, aber Abt Hans hörte ihr nachdenklich zu. Er erinnerte sich an eine alte Legende über einen Zaubergarten im Wald. „Lass mich zu Besuch kommen an Heiligabend, damit ich den Garten mit eigenen Augen sehen kann“, bat er. „Im Gegenzug will ich alles tun, was in meiner Macht steht, um deiner Familie zu helfen.“

Eigentlich fürchtete die Räuberin, dass Besucher ihr Familienversteck verraten könnten, aber sie erkannte die Begeisterung des Abts für Blumen und wollte außerdem dem Mönch beweisen, dass sie die Wahrheit sagte. So versprach sie, an Heiligabend eines ihrer Kinder loszuschicken, das sie abholen sollte.

Abt Hans bat den Mönch, niemandem von ihrem Plan zu erzählen. Als jedoch ein paar Wochen später der Erzbischof zu Be-

such kam, hörte der Mönch Abt Hans selbst von ihrem Plan sprechen.

Abt Hans erzählte dem Erzbischof vom Räuber und bat, diesen zu begnadigen. „Vergeben wir ihm seine Taten und heißen ihn wieder willkommen in der Stadt."

Der Erzbischof runzelte die Stirn. „Aber ehrliche Leute wollen keine Räuber unter sich haben", sagte er.

Daraufhin erzählte ihm Abt Hans von dem Garten im Wald, der an Heiligabend erblühte. „Ein solches Wunder würde sich doch bösen Menschen nicht zeigen, oder?"

Der Erzbischof lächelte. „Na gut. Bring mir eine Blüte aus dem wundersamen Waldgarten und du bekommst ein Begnadigungsschreiben für den Räuber", versprach er.

Der Mönch sah, dass der Erzbischof genauso wenig an den Garten glaubte wie er selbst, doch der Abt schien zufrieden mit dem Handel.

An Heiligabend kam eines der Räuberkinder, um Abt Hans und den Mönch in den Wald zu führen. Es war ein langer und beschwerlicher Weg, und als es dämmerte, begann es zu schneien.

Schließlich gelangten sie an eine Felswand, in die eine hölzerne Tür eingelassen war. Die Räuberin hieß sie willkommen in der kleinen Höhle, in der die Familie zu Hause war. Es betrübte Abt Hans zu sehen, wie ärmlich sie lebten.

WEIHNACHTEN

Am Feuer saß der Räuber. Misstrauisch grüßte er die Besucher. „Vermutlich seid Ihr gekommen, um meine Frau und meine Kinder dazu zu bewegen, mich zu verlassen und zurück in die Stadt zu gehen", grummelte er.

„Aber nein, keineswegs!", sagte Abt Hans. „Ich hoffe, ein Begnadigungsschreiben für dich vom Erzbischof persönlich zu erwirken."

Der Räuber lachte auf. „Das ist wohl ziemlich unwahrscheinlich", sagte er, „aber wenn Ihr tatsächlich eine Begnadigung erwirkt, dann will ich versprechen, nie mehr zu stehlen."

In diesem Moment erklangen die Weihnachtsglocken in der Stadt. Die Räuberfamilie sprang auf und ging hinaus in den Wald und ihre Gäste folgten.

Ein schwacher Lichtschein glomm in der Dunkelheit. Und als er heller wurde, begann der Schnee zu schmelzen. Farne und Moos wuchsen zu ihren Füßen und durch die Erde schoben sich Frühlingsknospen.

Staunend betrachtete Abt Hans das Schauspiel. Einen Moment verblasste das Licht, nur um gleich darauf noch heller zu strahlen. Die Bäume begannen zu blühen, dann erwachte die Waldwiese mit Wildblumen, Schmetterlingen und Vogelgezwitscher zum Leben.

Noch einmal wurde das Licht schwächer und die darauffolgende Leuchtkraft brachte eine warme Brise mit sich, die die Samen zwischen den Gräsern verstreute. Augenblicklich erwuchsen Blaubeer- und Preiselbeerbüsche daraus, zwischen denen junge Eichhörnchen umherhuschten.

Und jetzt ging es noch schneller. An den Kiefern wuchsen Zapfen, die Wacholderbeeren reiften und für die Kinder gab es Walderdbeeren. Abt Hans bestaunte den Blumenteppich vor sich, in dem es von Bienen nur so wimmelte. Er war unfähig, sich zu entscheiden, welche er für den Erzbischof pflücken sollte, denn jede neu hervorsprießende Blume war schöner als die vorherige.

Dann plötzlich verstummten die Bienen, die Vögel und die anderen Tiere. Weihnachtslieder, von Harfen und Engelsstimmen dargeboten, erklangen vom Sternenhimmel herab. Das Herz des alten Abts war von überwältigender Freude erfüllt.

Der Mönch aber traute dem, was er sah und hörte, nicht. „Warum sollte ein solches Wunder Räubern offenbart werden?", dachte er misstrauisch. „Bestimmt wurden wir alle-

samt verhext.“ In diesem Moment landete eine kleine graue Taube auf seiner Schulter. „Geh weg von mir, böser Geist!“, schrie der Mönch.

Beim Klang seiner scharfen Stimme brach die liebliche Musik ab und es wurde kalt und dunkel. Weil der Mönch nicht an den Zaubergarten glaubte, wurde alles Lebende nun von Frost umhüllt und es begann zu schneien.

Abt Hans stellte erschrocken fest, dass er keine Blume für den Erzbischof gepflückt hatte. Die Musik noch im Ohr, durchwühlte er das Moos nach einer letzten Blüte.

Die Räuberfamilie und der Mönch eilten indes im Dunkeln zur Höhle zurück. Als sie bemerkten, dass der Abt nicht bei ihnen war, gingen sie ihn mit Fackeln suchen.

Der Mönch fand ihn schließlich im Schnee liegend, eiskalt und mit einem friedlichen Lächeln im Gesicht. Schluchzend wurde ihm klar, dass er durch sein Misstrauen den Tod des geliebten Abts verursacht hatte.

Als Abt Hans zurück ins Kloster gebracht wurde, bemerkte der Mönch zwei Blumenzwiebeln, die er umklammert hielt. Er pflanzte sie in den Klostergarten und pflegte sie liebevoll, doch es erwuchs keine einzige Blume daraus.

Im nächsten Jahr aber sprossen am Weihnachtstag aus der kalten nackten Erde plötzlich grüne Triebe mit schneeweißen Blüten daran.

Da erkannte der Mönch, wie falsch er gelegen hatte. Er pflückte eine der Blumen und brachte sie dem Erzbischof, der erstaunt war über den Anblick einer Blume mitten im Winter. „Abt Hans hat Wort gehalten, also halte ich auch Wort“, sagte der Erzbischof und übergab dem Mönch ein Begnadigungsschreiben für den Räuber.

Und auch der Räuber hielt Wort und sollte nie mehr stehlen.

Der Zaubergarten erschien nie wieder. Die Christrose aber schiebt als Erinnerung an ihn noch heute jeden Winter ihre grünen Triebe und schneeweißen Blüten durch die bloße Erde.

JIMMY VOGELSCHEUCHE

EINE NORDAMERIKANISCHE GESCHICHTE

Jimmy Vogelscheuche fühlte sich am liebsten immerzu nützlich. Im Sommer hielt er die Krähen davon ab, Maiskörner aus Tante Hannahs Feldern zu picken; im Winter aber gab es nichts für ihn zu tun und er fühlte sich nutzlos und niedergeschlagen. Den ganzen Tag lang stand er nur da, schwankte im Wind und fragte sich, wie viele einsame, elende Winter er wohl noch durchleiden müsse.

Eines Heiligabends wurde Jimmy Vogelscheuche vom Klingeln der Schlittenglöckchen aus seinen unglückseligen Gedanken gerissen und sah Santa Claus mit seinem Rentierschlitten quer über das Feld galoppieren. Er war auf dem Weg zu Tante Hannahs Farm, um ihr und der kleinen Betsey Geschenke zu bringen.

Jimmy Vogelscheuches Herz machte einen Satz – vielleicht gab es ja auch für ihn ein Geschenk! „Santa Claus!", rief er. „Hier bin ich! Ich habe den ganzen Sommer über gute Arbeit geleistet und die Krähen ferngehalten!"

Aber Santa Claus hielt nicht an und winkte ihm nur zu.

Jimmy Vogelscheuche fühlte sich sehr elend. Er weinte so sehr, dass seine hölzernen Gelenke knarzten. „Zu nichts bin ich nutze auf der Welt", schluchzte er. „Alle haben mich vergessen." Aber da irrte er sich.

Am Weihnachtsmorgen packte Betsey ihr Geschenk aus. Zu ihrer Freude war es eine Babypuppe.

Draußen begann es zu schneien. Betsey setzte sich mit ihrer Puppe ans Fenster und sah den Schneeflocken zu und da bemerkte sie Jimmy Vogelscheuche, wie er ganz allein auf dem Feld stand.

„Tante Hannah", rief sie, „hat Santa Claus eigentlich auch ein Geschenk für Jimmy Vogelscheuche gebracht?"

„Nein, natürlich nicht", antwortete Tante Hannah, die damit beschäftigt war, Stoffreste zu einer Decke zusammenzunähen, die sie wegen des Durcheinanders an Farben und Formen nur die Kuddelmuddeldecke nannte.

„Warum nicht?", fragte Betsey.

„Dumme Frage", sagte Tante Hannah. „Weil er eine Vogelscheuche ist."

Es schneite so sehr, dass Jimmy Vogelscheuches alter Mantel und Hut bald komplett mit Schnee bedeckt waren und er kaum noch zu sehen war. Nach dem Mittagessen hatte Tante Hannah ihre Kuddelmuddeldecke fertig und bewunderte ihr Werk.

„Jetzt sind endlich alle Stoffreste verarbeitet", sagte sie zu Betsey. „Für unsere Betten habe ich schon Decken gemacht, wir können diese hier also verschenken."

Als es endlich aufgehört hatte zu schneien, setzte sich Tante Hannah ihren Hut auf und band sich ihren Schal um und ging los, ihrer Schwester ein Stück Plumpudding zu bringen.

Kaum hatte sie das Haus verlassen, wickelte sich Betsey ihren Schal um den Kopf und lief über das Feld zu Jimmy Vogelscheuche, der ganz steif und verschneit dastand.

„Frohe Weihnachten, Jimmy", sagte sie zu ihm.

„Das wünsche ich dir auch", sagte Jimmy unter seinem Hut, der ihm halb übers Gesicht gerutscht war.

„Ich habe ein Geschenk für dich", sagte Betsey und klemmte ihm die Puppe unter den Mantel. „Jetzt hast du ein bisschen Gesellschaft", sagte sie. „Pass gut auf sie auf, sie ist sehr wertvoll."

„Danke, das werde ich", versprach er.

Dann fielen Betsey die Eiszapfen auf, die von Jimmys dünnen Mantelärmeln hingen. „Ist dir kalt?", fragte sie.

„Ja", erwiderte er bibbernd. „Ich wünschte, ich könnte ein Stück laufen, damit mir wärmer wird."

Betsey hatte eine Idee. Sie rannte zurück ins Haus und kam mit Tante Hannahs Kuddelmuddeldecke zurück. Auf Zehenspitzen wickelte sie die Decke um Jimmy Vogelscheuches Schultern.

„Tante Hannah hat mehr Kuddelmuddeldecken, als sie braucht", erklärte sie. „Jetzt wird es dir und der Babypuppe schön warm werden." Dann wünschte sie ihm noch einmal frohe Weihnachten und rannte durch den Schnee zurück ins Haus.

Nie zuvor war Jimmy Vogelscheuche so glücklich gewesen. Ihm war warm, er wurde umsorgt, er hielt die Babypuppe im Arm, er fühlte sich nützlich.

Doch bald schon begann es zu regnen. Nicht lange und der Schnee war geschmolzen und Jimmy Vogelscheuche stand in einer Pfütze. Die Kuddelmuddeldecke war völlig durchnässt und das Wasser durchdrang auch seinen Mantel und durchweichte die Babypuppe.

„Das ist der traurigste Moment meines Lebens", seufzte Jimmy, denn er hatte sein Versprechen, gut auf die Babypuppe aufzupassen, nicht halten können.

Nach Mitternacht hörte es auf zu regnen und die Sterne kamen hervor. Jimmy vernahm erneut die Schlittenglöckchen – Weihnachten war vorbei und Santa Claus machte sich auf den Heimweg.

„Santa Claus!", rief Jimmy verzweifelt.

Jetzt war Santa Claus nicht mehr in Eile, also zog er die Zügel an und kam zum Stehen. „Stehst du hier etwa schon seit der Maisernte?"

Jimmy nickte und Regentropfen fielen von seinem Hut.

Santa Claus hielt die Laterne näher an Jimmy. „Was ist das da über deinen Schultern?", fragte er.

„Eine Kuddelmuddeldecke", sagte Jimmy Vogelscheuche.

„Und was hast du unter dem Mantel?"

„Das ist Betseys Babypuppe, aber jetzt ist sie kaputt."

„Oh, die habe ich schnell wieder in Ordnung gebracht", sagte Santa Claus. „Und ich kann bestimmt auch die Decke von ihrem Kuddelmuddel befreien. Komm doch mit an den Nordpol, ich suche jemanden wie dich, der mir hilft."

„Gibt es denn Krähen am Nordpol?", fragte Jimmy Vogelscheuche. „Ich mache mich nämlich gerne nützlich."

Santa Claus lächelte. „Nein", sagte er. „Du sollst keine Krähen verscheuchen, sondern Polarforscher. Sollten die je den Nordpol finden, dann nimmt sich nämlich jeder ein Stück davon mit, und bevor du dichs versiehst, ist nichts mehr übrig und die Erde knickt ein wie ein Apfel ohne Kerngehäuse. Das ist also eine sehr wichtige Aufgabe."

„Dann komme ich mit!", sagte Jimmy Vogelscheuche glücklich. „Aber wer hält dann im nächsten Sommer die Krähen von Tante Hannahs Feldern fern?"

„Überlass das ruhig mir“, sagte Santa Claus. Dann schrieb er in Krähensprache eine Nachricht auf einen der Zaunpfeiler:

Jede Krähe, die auf dieses Feld hüpft, fliegt oder plumpst, um Mais zu stehlen, wird auf der Stelle schneeweiß.

Anordnung von Santa Claus.

„So“, sagte er, „der Mais ist in Sicherheit.“ Dann half er Jimmy Vogelscheuche in den Schlitten und die beiden flogen los.

Am nächsten Morgen wunderten sich Tante Hannah und Betsey sehr, als sie das leere Feld sahen. Tante Hannah war nicht böse, als sie hörte, dass Betsey ihm die Puppe und die Kuddelmuddeldecke geschenkt hatte, doch als sie draußen das Feld absuchten, fanden sie weder die Vogelscheuche noch die Geschenke.

„Sie müssen weggeweht worden sein“, sagte Betsey.

„Nun, dann brauchen wir nächsten Sommer wohl eine neue Vogelscheuche“, seufzte Tante Hannah.

Doch als der Sommer kam, wagte sich nicht eine Krähe über den Zaun und so wurde nicht ein einziges Korn gestohlen. Es war die beste Ernte, die Tante Hannah je eingefahren hatte, auch wenn ihr der Grund dafür rätselhaft war.

Und es gab ein weiteres Rätsel zu lösen: als nämlich sie und Betsey am kommenden Heiligabend unerwartet Geschenke bekamen. Tante Hannah packte ihre Kuddelmuddeldecke aus, die komplett neu zusammengenäht war und deren Stoffteile genau quadratisch zugeschnitten und perfekt aufeinander abgestimmt waren. „Das ist ja gar kein Kuddelmuddel mehr!“, rief sie erfreut.

Und Betsey packte ihre Babypuppe aus, aber auch sie hatte sich verändert. Sie war ein Jahr älter geworden und ein Stückchen gewachsen. Und zu Betseys großer Freude konnte sie nun laufen, ihre Ärmchen ausstrecken und „Mama“ sagen.

QUELLEN

Die ersten Hasen auf der Erde
Japanese Fairy Tales von Teresa Peirce Williston. Rand, McNally & Co. 1911.

Die Elster
Great Swedish Fairy Tales von E. Olenius und H. Lundbergh. Chatto and Windus 1973.

Die Ameise und der Grashüpfer
Aesops Fabeln

Der Fäustling
Volkstümlich

Das verborgene Wasser
The Legends of the Iroquois von William W. Canfield. A. Wessels Co. 1902.

Warum der Hase so lange Ohren hat
The Sun Maiden and the Crescent Moon von James Riordan. Canongate 1989.

Jowiis und die Adler
The Red Indian Fairy Book von Frances Jenkins Olcott. Houghton Mifflin Co. 1917.

Stadtmaus und Waldmaus
Tales from the Fjeld von P. C. Asbjörnsen. Übersetzt von G. W. Dasent. G. P. Puttnam's Sons 1917.

Shingebiss
Volkstümlich

Das Weihnachtslied des Rotkehlchens
The Birch Tree Fairy Book herausgegeben von Clifton Johnson. Little, Brown & Co. 1908.

Die silberne Flöte
Three Golden Oranges von R. S. Boggs und M. G. Davis. Longmans, Green & Co. 1936.

Norden, sagt der Bär
Mighty Mikko von Parker Fillmore. Harcourt, Brace & Co. 1922.

Schneetochter und Feuersohn
The Yellow Fairy Book von Andrew Lang. Longmans, Green & Co. 1894.

Das neue Blockhaus
Volkstümlich

Die zwei Wünsche
Legends and Folk Tales of Holland von Adèle Leeuw. Thomas Nelson & Sons 1963.

Ein Geschenk von Väterchen Frost
The Moon Painters von S. Maas. The Viking Press 1971.

Warum der Bär den ganzen Winter schläft
Firelight Stories von Carolyn Sherwin Bailey. Milton Bradley 1907.

Der herrliche Mantel
Tales of the Peoples of the Soviet Union. Übersetzt von G. Shelley. Herbert Jenkins 1945.

Alexander Jones
Scottish Fairy and Folk Tales von George Douglas. 1901.

Warum der Wacholderstrauch Beeren trägt
The Book of Nature Myths von Florence Holbrook. Houghton Mifflin Co. 1902.

Na-Ha und die große Kälte
Tales from Silver Lands von C. J. Finger. Doubleday, Page & Co. 1924.

Wind, Wolken und Schnee
Chinese Fables and Folk Tales von Mary Hayes Davis und Chow Leung. The American Book Co. 1908.

Der Schneemann
New Fairy Tales and Stories von Hans Christian Andersen. C. A. Reitzel 1861.

Das Schneemädchen
The Pink Fairy Book von Andrew Lang. Longmans, Green & Co. 1897.

Der lange Winter
Legends of the Slavey Indians of the Mackenzie River. Journal of American Folklore 1901.

Frau Holle
Children's and Household Tales von den Brüdern Grimm. 1812.

Der Eismann
Myths of the Cherokee von James Mooney. Bureau of American Ethnology 1897.

Der Kirchturm im Schnee
Stories to Read and Tell von Laure Claire Foucher. Moffat, Yard & Co. 1917.

Die Regenbogenkrähe
Volkstümlich

Die Schneesturmhexe
The Sun Maiden and the Crescent Moon von James Riordan. Canongate 1989.

Die ersten immergrünen Pflanzen
How Did the Great Bear Originate? Herausgegeben von C. Luvsanjav und R. Travers. State Publishing House 1988.

Thor und die Eisriesen
Volkstümlich

Das Mädchen und die Winterstürme
Voklstümlich

Die Katze auf dem Berg
Popular Tales from the Norse von G.W. Dasent. Edmonston & Douglas 1859.

Der heitere Gletscher
The Basket Woman von Mary Austin. Houghton, Mifflin & Co. 1904.

Babuschka
Volkstümlich

Die ersten Schneeglöckchen
The Book of Nature Myths von Florence Holbrook. Houghton Mifflin Co. 1902.

Die blaue Mütze
Scottish Folk Tales and Legends von B. K. Wilson. Oxford University Press 1954.

Die Tochter des Eiskönigs
The One Strand River von H. F. Hall. David Nutt 1903.

Der Zauberball
Tales from Silver Lands von C. J. Finger. Doubleday & Co. 1924.

Die Steine von Plouhinec
The Lilac Fairy Book von Andrew Lang. Longmans, Green & Co. 1910.

Die Winterkirschen
Nach einer Ballade aus dem 14. Jahrhundert

Der rasende Stock
Volkstümlich

Moowis
Volkstümlich

Silbermützchen
Alice J. Patterson

Anansi und das rote Wiesenkraut
Volkstümlich

Die Spinnen und der Weihnachtsbaum
Volkstümlich

Das Weihnachtsmahl
Mighty Mikko von Parker Fillmore. Harcourt, Brace & Co. 1922.

Die Christrose
The Girl from the Marsh Croft von S. Lagerlöf. Little, Brown & Co. 1910.

Jimmy Vogelscheuche
The Children's Book of Christmas Stories. Herausgegeben von A. D. Dickenson und A. M. Skinner. 1913.

1 3 5 4 2

Die englische Originalausgabe erschien 2023 unter dem Titel
„A World full of Winter Stories“ bei Frances Lincoln Children’s Books.

Manufactured in Guangdong, China TT042024

ISBN 978-3-473-46365-7

ravensburger.com